JN177281

世界のどこでも、
誰とでも
うまくいく！

「共感」コミュニケーション

JICA 国際協力専門員
石川幸子

同文舘出版

はじめに

「日本人のコミュニケーション能力は世界最高水準！」

こう言ったら驚きますか？　これは冗談でもお世辞でもありません。私は、日本人のコミュニケーション能力は潜在的に、世界のどこでも通用する最強のコミュニケーション力に伸ばすことができると確信しています。

それなのに、どうでしょう。私たち日本人の多くは、コミュニケーションに苦手意識を持っているようです。特に、外国人とのコミュニケーションとなると、未だに一歩後ずさりしてしまう人が多いようです。

私たちは好き嫌いにかかわらず、グローバル化する社会で生きていかなければなりません。日本に留まっていても日々、外国の食品や製品のお世話になっていますし、外国から日本にやってくる観光客の数はうなぎのぼりの状況です。若い人たちは、これから旅行や留学、そして仕事で海外に出かける機会が増えるでしょう。**世界はつながっているのです。**

日本にいても、海外でも、どうしてもコミュニケーションを取っていかなければならない状況は生まれます。この本では、あなたの潜在的な能力を発掘して、**世界最強のコミュニケーション力**をつけていくお手伝いをしたいのです。

これからお話ししていくコミュニケーション力を伸ばしていく方法は、他の本とはちょっと違っています。コミュニケーション力を向上させようという試みから書かれた指南書は既に数多く世に出回っています。どれも、それなりに役立ちそうなものばかり。

しかし、本書にはそれらと一線を画す２つの特徴があります。

第一に、ここで紹介する方法や考え方は、私自身の長年の経験から引き出されたものです。私は、国連難民高等弁務官事務所（ＵＮＨＣＲ）や独立行政法人国際協力機構（ＪＩＣＡ）などで30年以上、難民支援や開発援助に携わり、１００カ国以上の人たちとコミュニケーションを取ってきました。私が**国際的な場面で、どのように気持ちのいいコミュニケーションができるのか**について自分なりの答えを出すまでには、多くの失敗を重ね、試行錯誤を繰り返してきました。

私は１９８１年、当時の総理府が主催していた「第８回東南アジア青年の船」に参加して、ASEAN（当時は、インドネシア、マレーシア、フィリピン、シンガポール、タイの5カ国）の青年たちと2カ月間を船上と寄港地でともに過ごしたという、いわゆる〝るつぼ体験〟があります。

ここで、コミュニケーションについて不思議なことに気づかされました。最初の2週間は英語ができて、言葉によるコミュニケーションの上手な日本人に各国からの青年の人気が集中したのですが、船の旅も終わりに近づく頃には、言葉のコミュニケーションはいまひとつだけれど、相手の気持ちを察したり、その気持ちに寄り添ったりできる日本人に人気がシフトしていたのです。ここに、コミュニケーションの大きなヒントが隠されていました。

そして、船を降りた私は、既に異なった世界の魅力に取りつかれており、その遠心力を止めることはできず、オーストラリアのキャンベラに留学。その後、国連難民高等弁務官事務所（UNHCR）のタイ事務所と香港事務所で、東南アジア各国からの難民の支援に携わりました。

UNHCR時代には、難民を受け入れている国の政府や、軍の役人とも交渉を行なう場面に立たされました。私はここでまた、別のレベルのコミュニケーション力を磨くことになったのです。

東南アジアの難民問題は90年代の初めに収束を見ましたが、人道支援が終わっても、今度は難民たちが帰っていった国をどのように復興させ、開発していくのかという課題が残っていました。この地域の開発に関わっていきたいという思いが強くあったため、私は東南アジアに残る選択をしました。そして、結局、2005年に日本に戻って来るまでの20年間、タイを中心とした東南アジアで仕事をしてきました。

「東南アジア青年の船」やオーストラリア留学を含めれば、30年を超える年月を海外で過ごしてきたのですが、既にお話ししたように、この間にコミュニケーションについては多くの異なった場面に向かい合ってきました。

アジアの隣人たちとは日本人の友と同じように友情を育む機会があり、人種のるつぼである国連では、さまざまな国籍の同僚と丁々発止のやり取りをしてきました。タイの陸軍最高司令本部の大将と、難民の子供の処遇について交渉をしたこともありました。そして、難民として祖国を離れた人たちとのコミュニケーションでは、どうやって彼らに寄り添っていけばよいのかについての学びがありました。

今では、どのような場面でどのような方にお会いしても、ビクともしない（同僚いわく、〝心臓に毛の生えた〟）コミュニケーションのバックボーンは、こうした経験を通してできあがったのではないかと思っています。

2つ目の特徴ですが、「**コミュニケーションカはステップを踏んで伸びていく**」という考えに基づいてお話ししています。

巷の指南書などでは、「コミュニケーション力をアップさせるための○つの法則」というように、いくつもの項目を並列的に並べているものが目立ちます。しかし、これからお話ししていく内容は、段階を踏んで〝一生モノ〟のコミュニケーション力をつけようというところに力点を置いています。

なぜかというと、小手先の技術を身につけても、根本的な他人に対する共感力や、他人と自分との関係をどう捉えているのかという基本的な姿勢がしっかりしていないと、修羅場に遭遇したとき、太刀打ちできなくなってしまうからです。何事もそうですが、しっかりしていない土台の上に積み上げたものは脆いものです。本書では、4つのステップを踏んでコミュニケーション力を鍛えていく方法を紹介しています。

いずれも、私が四苦八苦しながら得たノウハウばかり。これからの時代に誰もが必要な、「世界のどこでも通用するコミュニケーション・スキル」について、皆さんと共有していきます。もちろん、〝世界のどこでも〟というからには、日本人同士でも通用する、仕事も人生も充実させるスキルです。一緒に「どこでも、誰とでもうまくいくコミュニケーション力」を伸ばしていきましょう！

石川幸子

世界のどこでも、誰とでもうまくいく！「共感」コミュニケーション●目次

3章

STEP2

コミュニケーションの障害となる「過剰な意識」を手放す

4章 STEP3 4つの力でコミュニケーションの「総合力」を倍増させる

5章 STEP4 コミュニケーションの「対応力」でどんな場面も切り抜ける

装幀　二ノ宮匡（ニクスインク）
本文デザイン・DTP　マーリンクレイン

1章

世界のどこでも、誰とでもうまくいく！コミュニケーション力の伸ばし方

1 私たちは世界とつながっている

地球の裏側で起こっていることは他人事ではない

現在、私たちは、「グローバル化した社会」に生きています。気づくか気づかないにかかわらず、日本という国だけに生きているわけにはいきません。

「えっ？　私は日本から出たことがないけど……」

と、首をかしげる人もいることでしょう。しかし、今はどこにいても、既に〝グローバル化〟した世界から逃げることはできません。

日本は、多くの国とつながっていることでエネルギーや食糧、安全などが確保されています。代わりに、日本の技術や製品、国際協力などにより世界に貢献することで、いわば日本の国益が守られているのです。

……ちょっと、固い話から始めてしまいましたね。でも、この「**私たちは世界とつながっている**」ということが、本書でこれからお伝えするコミュニケーション・スキルの大前提なのです。

「グローバル化する社会」と言われても、まだまだピンとこない人が多いかもしれません。でも、いつもより少しアンテナを高くして周囲を見渡してみてください。世界中で起きている物事の影響が、私たちのすぐ隣に顔を現わしているということに気がつきます。

たとえば、私たちの生活用品、食べ物に至るまで外国製品に触れない日はないでしょう。また、外国に行ったときに、現地のレストランで日本の食料品やお酒に出合えてホッとした人もいるのではないでしょうか。ごく身近な例ですが、これこそ「グローバル化した社会」の現実です。

そして、ものだけがグローバル化することはありません。メキシコからくるアボカドの裏では、必ず、日本に輸入するために商談をした人がいるのです。また、その逆で、日本のビールをアジア各国に売り込むために交渉に臨んだ人もいるのです。

これは、大手の商社だけの話ではありません。今では、日本の中小企業も生き残りをかけて、海外の市場を発掘しています。最近では、沖縄の菓子メーカーが中国に進出することを目論んでいて、昨日まで日本のマーケットのことしか考えていなかった人たちが、中国側との交渉に臨むために専門のコンサルタントを雇ったという話を耳にしました。

そう考えると、**商談や交渉というレベルの国際的なコミュニケーションも、一部のエリートだけのものではない**という現実も見えてきます。

グローバル社会で置いてきぼりにならないために

2005年、『The World Is Flat』（『フラット化する世界』トーマス・フリードマン 著、伏見威蕃 翻訳、日本経済新聞出版社）というタイトルの書籍が話題になりました。

21世紀初頭のグローバル化について分析する同書では、今ではコールセンターのハブがフィリピンのマニラやインドのカルカッタなどにあって、インド人のプリヤンカさんが米

国なまりの英語で、

「こちらジェーンですが、何かお困りでしょうか？」

と、電話口の向こうにいる相手にサービスを提供している、と紹介してます。電話をかけたクライアントは、米国のコールセンターのスタッフと話しているのだと信じ切っています。

また、フィリピン人の女性も各国特有の英語の発音を身につけ、仕事によって使い分けています。

同書ではこのように、ＩＴの発達により、今や国境の垣根なく世界を相手に仕事ができるようになったことを、「世界はフラットだ」という根拠のひとつに挙げています。

もう1冊、面白い本を紹介しましょう。『WORK SHIFT』です（『ワーク・シフト』リンダ・グラットン 著、池村千秋 翻訳、プレジデント社）。

この本の中でグラットン教授は、世界中に発注された仕事を、高度な知識や技術を持っている人が国籍や居住地に関係なく受注している現状を浮き彫りにしてみせました。多国間のバーチャル・チームを編成することも可能です。

このような働き方が可能になると、仕事の受注競争は国際化することになります。日本の若者が国内で、〝井の中の蛙〟のような視野で行動していると、大きく遅れを取ることになってしまうでしょう。

「僕は一生、日本で働くから関係ない」という考えが無意味であるということは、先ほどの例を見てもわかりますね。就職活動で、わざわざ海外勤務や海外事業部がない会社を選んで、日本国内で穏やかな仕事の日々を送りたいと思っていたとしても、グローバル化は止められません。好き嫌いにかかわらず、さまざまな形でグローバル社会に関わっていくことが求められる世の中になっているのです。

実際、私の周りにも海外に赴任したり、頻繁に出張を繰り返したりしている人はたくさんいます。「こんなはずじゃなかったのですが、ドバイに赴任することになりました」という後輩もいましたし、「商談がようやくまとまり、明日帰国します」と、フェイスブックで出張先から報告をくれる友人もいます。

今、本人の意思に関係なく、世界各国との商談や交渉事を抱えている人たちがいかに多いことでしょう。それなのに、日本人の多くは、コミュニケーションに苦手意識を持っているようです。

しかし、**コミュニケーションの本質と基本は、どんなレベルでも通用するものであると**いうのが、私の考え方です。

誰とでも会話が弾む人も、しゃべるのが苦手なシャイな人も、海外の人と仕事をする機会がない人でも、グローバルに仕事をしなければならない人でも、対人関係についての考え方を少しだけ変えて、意識的に自分を鍛えていけば、必ずや、どんな場面でも、どんな相手とも気持ちのいいコミュニケーションができるようになるのです。

実際に世界各国で活躍している日本人たちが、どのようにして**普段よりもちょっとレベルの高いコミュニケーション**に立ち向かっているのか、気になるところですよね。これから、私自身が東南アジア各国で得たノウハウとあわせて、グローバル社会でうまくやっていくためのコミュニケーション力の伸ばし方を紹介していきます。

2 なぜ、日本人はコミュニケーションに対して苦手意識を持つのか？

「阿吽《あうん》の呼吸」でわかり合える日本人

「日本人は、すべてを言葉にしてコミュニケーションしていない」と言ったら、驚くでしょうか？

「我が家のお母さんは、朝から晩までしゃべっているのに、すべてを言葉にしていないなんて信じられない」

そんな声が聞こえてきそうですが、これは本当の話なのです。

「阿吽の呼吸」とか、**「以心伝心」**と、昔の人は言ったものです。辞書を引いてみると、「阿叶の呼吸」の〝阿〟は口を開けて発する音のことで「吐く息」という意味があり、〝吽〟は口を閉じて発することから「吸う息」という意味に捉えられます。人が息を吐いて、もう一人が息を吸うという呼吸の合い方からこの言い方が出てきたようです。

お寺に行くと門を守っている二体の仁王像がありますが、一方が口を開け、もう一方が口を閉じています。神社の狛犬も同じなので、今度、寺社に行く機会があったら確かめてみてください。

「以心伝心」はその文字が示す通り、〝心で思ったことが相手の心に伝わる〟という意味ですね。元はと言えば、禅宗において言葉では表現できない仏法の神髄を無言で弟子に伝えるということに由来しています。昔から、日本人はすべてを言葉にしなくてもコミュニケーションができていたということを美徳と考えていました。

以前、読んだ書籍の中には、このような記述がありました。

「普通日本人だと二度断られると、以心伝心で身を引くのだが、イタリア人には通用しないらしい」（『パーネ・アモーレ　イタリア語通訳奮闘記』田丸公美子 著、文春文庫）

この使い方には笑ってしまいました。そういえば、若い頃ジュネーヴの公園で「いい天気ですね。散歩しませんか？」と声をかけてきたイタリア人も、三度断わってやっとあきらめたということがありました。彼もまた、以心伝心が理解できていなかったな、と。その場の状況や雰囲気を察して言葉に意味づけをするということも、日本人が得意とするところです。

私がいつも笑い話のように例に挙げるのが〝ママ〟という言葉です。私は現在、大学で「国際交流論」を教えていますが、授業で学生に、

「〝ママ〟ってどんな意味？」

と尋ねると、なんで当たり前のことを聞くのだというように、みんな怪訝な顔をします。

「母親のことですよね？」

と、学生は答えます。

ところが、これが教室ではなくてどこかの飲み屋だったら、〝ママ〟の意味は違ってきますよね。このように、場の状況によって言葉が何を指しているのかを察することを、幼い頃から私たちは学んで育っているのです。

最近では、「以心伝心」が、「空気を読む」という言葉となって定着しています。少し前

には、

「おまえ、空気読めよ。本当にＫＹ（空気読めない）だな」

なんていう会話もよく聞かれました。

いちいち言葉にしなくとも、相手との間にある空気を読んでしまう日本人のコミュニケーション能力は、もしかしたら世界一なのではないか、と私は思っています。

それなのになぜ、コミュニケーションに消極的で、苦手意識を持っている人が多いのでしょうか？

言葉ありきのコミュニケーション

「笑う」「泣く」「怒る」など、顔の表情に出てくる感情表現は、世界中どこにいっても同じ。このレベルでのコミュニケーションは、目に見えてわかりやすいですね。「人類みな兄弟」のように思えてきます。

でも、ひとたび話の内容が複雑だったり、交渉する必要があったりすると、勝手が違ってきます。**日本人同士の「阿吽の呼吸」や「以心伝心」が世界で通用するとは、ゆめゆめ**

思うなかれです。

特に、言葉やジェスチャーといった、明示的なものを媒介としてコミュニケーションを行なうことが当たり前の社会に生まれ育った人たちとの間では、その場の〝空気〟をいつも共有するというわけにはいきません。

多少の差はあれ、欧米系の人たちがこのカテゴリーに入ります。彼らはよくも悪くも自己を前面に出してきます。これは、文化の差からくるもので、日本人が社会集団の中で逸脱せずにうまくやっていくことに重きを置くのに対し、彼らは、自分の意見をしっかりと持って個人として立っていくことを重要視します。その結果、彼らとコミュニケーションを図っていく中で、その言葉の量に圧倒されると同時に、彼らの主張の強さに気圧されるという状況が生まれてしまうようです。

私のオーストラリア人の友人は、幼い頃から「集団の中に埋もれないように、自分をしっかり持ちなさい」と親から言われて育ってきたと言っています。自分の意見を求められてもじもじしていると、

「あなたは自分のことをしっかり知らなければだめよ！」

と、母親から言われてきたと幼い頃を振り返って笑っていました。歴史的に移民で構成されている国では、自分を前面に押し出していくということがサバイバルの手段でもあったのです。

それに引き換え、日本では集団の中で目立たないことが美徳とされてきました。私自身も、幼い頃は相当なおてんば娘でしたが、親の目に余るようなことをすると、

「そんなことをすると、近所の人から笑われますよ」

と、母親から叱られることがありました。悪いことをしているならば、それ自体を指摘して「悪い」と言えばよいのに、なぜ、「近所の人から笑われる」という表現を使って責任転嫁をするのかと、幼いながらに「近所の人から笑われる」という表現には嫌悪感を抱いていたことを思い出します。

表現の仕方は多少違っても、多くの日本人は、子供の頃、「他人の目を気にしなさい」ということを親から言われてきたのではないでしょうか。

言葉の壁より厚い文化の壁

それでは、日本人も自己主張できるような話し方を磨けばいいのかというと、そんなに単純な話ではありません。

外国人と話をしているとき、

「なんで、そんなこと言うの？」

と、ギャップを感じたことはありませんか？　これは、言葉の能力というよりも、文化を背景とした育ち方がひとつの理由です。

外国人とのコミュニケーションに閉口してしまうといっても、その言葉の量に圧倒されたり、彼らの主張の強さに気圧されたりと、パターンはいろいろですが、なかなか超えがたいものは、**言葉の壁よりまさにその根底に横たわる文化の壁**です。

いくら英語力を磨き、言葉を媒介にしたコミュニケーションに不自由しなくなっても、文化の壁の高いことに気づかされるでしょう。

私自身は、外国籍の夫と結婚してから既に銀婚式も越えましたが、そんなに長いこと一緒にいてお互いをわかり合っているつもりでも、今になっても慣れない夫の言い回しがひとつだけあります。

ある日、風邪をひいたのか、私の気分がすぐれず病院に行こうとしていたときでした。

「Do you want me to go with you?（僕に一緒に行ってもらいたい？）」

と、言ってきたのです。

「えっ？　妻が病気なのに、〝一緒に行くよ〟じゃないの？　私にいちいち聞かないでよ」

これが、こちらの本音です。私の意思を尊重してくれるのはうれしいことですが、それも時と場合だろうと思ってしまうのが、私を含めた平均的日本人の感じ方なのではないでしょうか？

家族が、気分が悪いと言っているのだったら、

「一緒についていくよ」

と言ってくれるだろうと口には出さずとも期待するのが日本人であり、それを察して一緒に病院までついてきてくれるのが「以心伝心」というものです。でも、夫にとっては、私の意思を尊重し、その意思は言葉を媒介にして確かめるというプロセスが大切なのです。

最も近い夫婦という関係においても、このような感性の違いが続いていくのですから、文化の違いというのはコミュニケーションにとって、言葉にも増して高い壁であることは間違いありません。

外国人とのスキンシップに抵抗がある日本人

文化の壁といえば、そのひとつに挨拶の仕方があります。

世界各国、挨拶の仕方はさまざまです。今では、握手は世界的な挨拶の方法になっているようですが、アジアの国々には、伝統や文化を背景とした独特の挨拶の仕方があります。日本では、お辞儀という頭《こうべ》を垂れて相手に対する敬意を表わす方法が一般的ですね。私が20年暮したタイでは、両掌を胸の前で合わせる「ワイ」という挨拶が優雅で上品に見えます。子供たちは、幼い頃からワイで挨拶することを両親から厳しく仕込まれます。

カンボジアには、また、面白いワイの習慣があります。カンボジア人の友人が教えてくれたのですが、彼の国では両掌を合わせたワイの位置が相手との関係を如実に反映しているとのことです。

たとえば、普通のワイは、タイと同じように胸の前で手のひらを合わせるのですが、相手が目上の人になった場合には、自分の顔の前までワイを上げていきます。そして、王族に挨拶をすることになった場合には、両腕を高く上げ、頭の上でワイをするのだそうです。

このように、お国が変われば挨拶も変わるわけですが、アジアでは概して、ハグするというようなスキンシップを要する挨拶を行なうことは稀です。

これが、欧米人となると、話は違ってきます。最初は握手で始まった挨拶が、話をしている間に親しくなって、別れるときにはハグの挨拶になったというようなことは日常茶飯事です。特にラテン系の人たちは、人懐っこい人が多いので、初対面からハグの挨拶になることもあります。軽く抱き合って、自分の右頬と相手の右頬が触れ合うくらいの距離まで接近します。

「スペイン流は3回」のようで、右、左、右と顔を左右に動かして相手との距離を縮めるのが上手な友人もいます。

相手にとっては、お辞儀やワイと変わらない日常生活の中の挨拶なので、私たちもハグを握手の変形ぐらいに考えられるようになればいいのかもしれません。「習うより慣れろ」

ということですね。

欧米人に対する気後れは致命傷

あなたは、外国人と接するとき、自分の中にあるステレオタイプのイメージや、ともするとステレオタイプがネガティヴな方向に進んだ先にある「偏見」に縛られていることを感じませんか？

この感覚を払拭することは、国際コミュニケーションにとって（もちろん、国内においてのコミュニケーションにも）大きな課題となります。

まず、少なからず欧米人に対して気後れしてしまう人がいます。

「えっ、このご時世になっても、まだ欧米人に対して気後れするなんてことがあるの？」

と、いぶかしげに思う人もいるでしょう。でも、現実はそうなんです。

この感覚は、欧米人（ここでは主に白人系の人たちを指します）に対する憧れや劣等感という感情が、彼らに対するステレオタイプのイメージから出てくるのでしょう。それに加えて、彼らは、既にお話ししたように言葉を媒介としたコミュニケーションに長けていますから、単刀直入で、歯に衣を着せない物言いで押しまくられたときには、譲歩を重ねるということになりかねません。

70年代から80年代にかけて、日本は米国との貿易摩擦で、さまざまな輸出項目について大変な交渉を強いられましたが、そのときの日本は、バッシングとも言える米国の威圧的な交渉に十歩も百歩も譲っていました。

戦後7年間を米国の占領下で支援を受けながら、アメリカ文化を一方的に受け取ってきた私たち日本人が、少し前までは敵国であった米国に強い憧れとともに劣等感を抱いていたとしても頷ける話ではありますね。

その憧憬と劣等感は、程度の差はあれ、21世紀となった今でも日本人のDNAの中に残っているように感じます。心当たりはありませんか？

自分では気づいていないかもしれない白人系外国人に対する憧憬と気後れの感情ですが、比較対象があれば、よくわかります。

たとえば、あなたは、アジアやアフリカ各国の人たち、イスラム圏の人たちにどのように対応しているでしょうか？　アジアやアフリカ各国の人に対しては上から目線。そして、イスラム圏の人たちにはネガティヴなステレオタイプの色メガネを通して見ている、なんてことはないでしょうか？

特に、2001年9月11日のニューヨークでの同時多発テロ以降、世界的にもイスラム教徒への風当たりが強くなりました。最近では、世界各地でイスラム過激派によるテロが起こっているので、特に欧米ではその傾向はますます強くなっています。

私には、各国にイスラム教徒の友人たちが多くいますが、過激派テロとそれに対して拡大する反イスラム運動を見るにつけ、彼らは嘆いています。

「私たちと過激派を一緒にしないでほしい。イスラム教は本来、平和を希求する宗教なのに」と。

日本では、よく電車の中で次のような光景を目にします。立って吊革をつかんでいる人も目立っていて、そんなに空いていない車内で、アフリカ系の人やアラブ系の人の隣だけポツンと席が空いているという光景。こんな場面に遭遇すると、日本人の人種感が垣間見られるようで、私はいたたまれなくなります。そして、（当の本人は気にしていないのかもしれませんが）彼や彼女の隣に座ったりするのです。

また、ビジネスの世界でも欧米人には平身低頭、へこへこと対応しているのに、相手がアジア系の人だと手のひらを返したように横柄な口のきき方をする人にも出会うことがあります。

もし、あなたに少しでも心当たりがあるとすれば、これは、ステレオタイプの仕業かもしれません。

今後、私たちが関わっていく外国人はますます多様化していきます。中国や韓国といった異なる歴史認識の上に立つ隣国とどのように付き合うか、という問題は既に長年の懸案事項ですが、最近ではＡＳＥＡＮ各国との貿易や協力も重視されるようになっています。

ＡＳＥＡＮ加盟10カ国の人口を合わせると6億人にもなりますが、その約40％がイスラム教徒と言ったら驚くでしょうか？　インドネシアをはじめ、ブルネイやマレーシアのようにイスラム教徒が多数派を占める国々もあれば、シンガポールやフィリピン、タイをはじめ他の加盟国にもイスラム教徒は住んでいます。これらのイスラム教の人たちと上手に付き合っていくことも、中韓との付き合いと同様に私たち日本人の課題になっています。

日本社会とそれ以外の社会での「個人の在り方」の違いは、コミュニケーションに大きな影響を与えていることがおわかりになったでしょうか。

ここからが私たちのチャレンジです。国際的なコミュニケーションでは、**言葉に大きなウエイトを置いて自分の意見をはっきりと主張してくる人たちとも、どうやって気持ちいいコミュニケーションを取っていくのか**、という課題が見えてきました。

3 あなたのコミュニケーション力を伸ばす4つのステップ

人はコミュニケーションを避けられない

私たちは、生きている限りコミュニケーションを避けることはできません。

人が二人同じ場所にいたら、その二人が知り合いでもなく、言葉を交わすわけでもないという場面でも、コミュニケーションが成り立っていると言ったら、驚きますか？

「三省堂 Word-Wise Web」（http://dictionary.sanseido-publ.co.jp/wp/）によると、コミュニケーションとは、「意志・感情・思考などの様々な情報内容を、言葉・身振りや手振り・表情・通信技術などの様々な手段を用いて、互いにそれらを伝え合うような状況のこと」で、ラテン語で「分かち合う」を意味する「communicare」が語源です。

つまり、**コミュニケーションとは、いろいろな手段を使って「意味」と「感情」を共有すること**。お互いが面と向かって対峙しなくても、「意味」と「感情」を共有することは日常的に私たちがやっていることなのです。


たとえば、私が受け持っている大教室の授業では、気持ちよさそうに寝ている学生がよくいます。彼らも教える側の人間とコミュニケーションをしているのです。つまり、「先生の授業はおもしろくない」と、ネガティヴなメッセージを発しているとも受け取れる、ということです。

そんなとき、私は、

「君たちが寝ていてもコミュニケーションは避けられないのだから、私と教室の中で真剣勝負のコミュニケーションをしたくないのであれば、授業には来なくていいわよ」

と、学生たちに警告を発しています。


また何も、直接人と会い、会話を通して行なうだけがコミュニケーションではありません。ＳＮＳに頼ったコミュニケーションが最たる例ですね。

ＳＮＳへの依存が強い人ほど、人と直接会うことがなくても、**スマホやコンピューターを通して人とつながりたい、という思いは人一倍強い**と言えます。

ここに面白い研究結果があります。日本教育工学会が２０１６年9月に発表したものですが、〝ＬＩＮＥへの依存度が高い人は、その日のうちに返信がないと許せない傾向がある〟というものです。友達からＬＩＮＥがきたら、すぐに返事をしなければならないという強迫観念に駆られてしまうまでになったら、ちょっと要注意ですが、その根底には「友達とつながっていたい」という欲求があるのです。

他人と会うことを避けることだって、ひとつのコミュニケーション手段です。

たとえば、引きこもりになった人は、自分の状況を〝引きこもる〟ということで、家族であったり、社会に対して訴えています。イレギュラーではありますが、これもコミュニケーションのひとつの在り方です。

このように、どんなに避けたいと思っても、避けられないのがコミュニケーションです。

さらに、ここまでお話ししてきた通り、〝世界とつながっている私たち〟にとっては、国際的にコミュニケーションすることも避けられなくなってきました。

ここからは、30年以上、海外で難民支援や開発援助に携わってきた私の経験に基づいたノウハウをお伝えしていきます。外国人の上司や同僚との付き合いや、各国の大臣レベルの人たちとの交渉、難民との信頼関係の構築などを経て得られたコミュニケーション術です。

コミュニケーション力を鍛える4つのステップ

私がお伝えするコミュニケーション術とは、次ページの図にあるように、4つのステップを踏んでコミュニケーション力を鍛えていきます。小手先の技術ではない、実に根本的なスキルだからこそ、世界のどこでも通用するものであり、このような時代に誰でも必要な力と言えます。

まず、**第1ステップでは「共感力」を磨く**ことから始めます。「共感力」は英語でempathy（エンパシー）。コミュニケーションを取る相手のことを知り、相手が何を感じ、

コミュニケーション力を鍛える4つのステップ

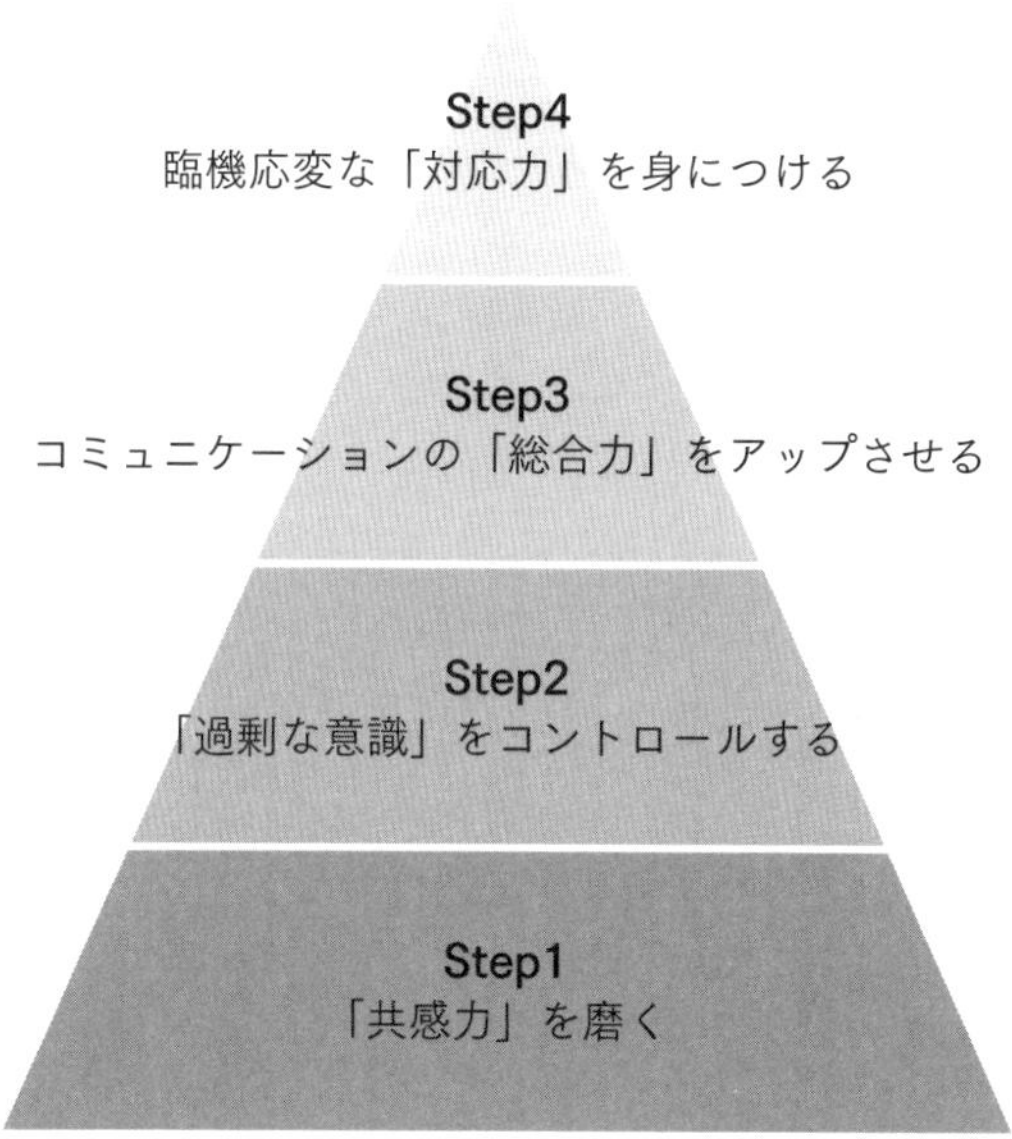
Step4
臨機応変な「対応力」を身につける
Step3
コミュニケーションの「総合力」をアップさせる
Step2
「過剰な意識」をコントロールする
Step1
「共感力」を磨く

POINT

一生モノのコミュニケーション力を磨いていくには、ステップを踏んで土台からひとつずつ積み上げていくことが必要。ローマと同様、コミュニケーションも一日では成らず！

考えているのかを理解しようとするというごく基本的なことですが、いざ実行してみようとしても、なかなか口で言うほど簡単なことではありません。特に、ステレオタイプのイメージが邪魔しているときなどは、なかなか相手の立場になって考えたり、感じたりすることが難しいわけです。

しかし、日本人の私たちは潜在的に高いコミュニケーション能力を持っており、ちょっとした工夫で「共感力」を磨くことができる、と私は確信しています。これはコミュニケーションという山登りのすそ野にあたります。

第2ステップは、「過剰な意識」をコントロールすることです。普段はあまり意識していないかもしれませんが、私たちは他人と向き合ったとき、多かれ少なかれ、その人との力関係を意識した言動に出ます。これが過剰になると、〝上にはペコペコ、下には横柄〟という構図になって現われます。

それを国際的なコミュニケーションに当てはめると、もしかしたら〝欧米人にはペコペコ、アジア人には横柄〟ということになりかねませんね。この権威などに対する「過剰な意識」をコントロールすることが、コミュニケーション力を伸ばす第2段階となります。

ここまで来たら山の5合目といったところでしょうか。

第3ステップでは、コミュニケーションの「総合力」を倍増させます。「共感力」を身につけ、「過剰な意識」をコントロールできるようになると、この時点で一般的なコミュニケーションの技術が効いてきます。

たとえば、「第一印象で勝負する」とか、「聞く力を伸ばす」ことも容易になります。また、その一歩先を行って、「相手を包み込む」とか、「自分をコントロールする力」もつけていくことができるようになります。

第4ステップでは、さまざまなシチュエーションでの「対応力」を身につけます。コミュニケーションの現場では、さまざまな人に出会います。いつまでたっても不機嫌そうな人、熱弁を振るってワンマンショーを繰り広げる人、押しても引いても接点を見いだせない人、理不尽な理屈で押しまくる人……。私も、実に千差万別な人たちに出会ってきました。5章では、私の経験も含め、さまざまなコミュニケーションの場面別対処法をお教えしていきます。

それでは、次章から具体的に、これからの時代に必要なコミュニケーション力の伸ばし方をお伝えしていきましょう。

2章

STEP1

「共感力」を高めて コミュニケーションの壁を超える

1

相手の立場に共感することでコミュニケーションが円滑になる

自分の中の偏見と差別から自由になる

コミュニケーションは、「意味」と「感情」を相手と共有すること、と前章で述べました。コミュニケーションのすべてが相手に対して好意的である場合ばかりではないということも、既にお話してきました。

銀座の中央通り。大きな声で話しながら、高級店のショッピングバッグをいくつも抱えて歩いている中国人観光客のグループを横目で見ながら、

「まあ、マナーが悪いこと。これだから、中国人は嫌だわ」

と、ふっと心をよぎったら、これはもう立派な偏見です。

普段から、日本と中国の間の歴史認識の違いや、そこに端を発して中国が出張する「九段線」と呼ばれる領海問題に対して反発を感じていると、自分の中で〝中国人〟のイメージが固定化してしまいます。それに輪をかけて、〝中国人〟に関するネガティヴな情報ばかりが目につくようになります。

それは、**無意識にも自分の感覚や考え方を正当化できるような情報を取捨選択しているから**だと言われています。これでは、ますます〝中国人〟に対して負の画一したイメージ、いわゆるステレオタイプができあがってしまいますね。


たとえば「お行儀の悪い中国人」というのが、ステレオタイプです。もちろん、私の中国人の友人も含め、知的で所作も美しく思わず見とれてしまうような人もいるので、すべての人に当てはまるような概念ではありません。でも、いったん、そう思い込んでしまうと、なかなか変えることができないのがステレオタイプです。

さらに、「中国人は行儀が悪く、がさつだから嫌い」というように、相手に対する負の感情が入ってくると、これは偏見となります。まだこの段階では、自分の心の中だけで「嫌い」と思っているだけですが、その感情が行動に出てしまうと、差別になってしまいます。

日本では先頃、「ヘイトスピーチ（憎悪表現）」が大きな問題になりました。2016年5月には、国会で「ヘイトスピーチ対策法」（正式名称は、「本邦外出身者に対する不当な差別的言動の解消に向けた取組の推進に関する法律」）が成立し、同年6月に施行されています。

ヘイトスピーチは、まさに偏見が言葉となって差別となった例です（日本人によるヘイトスピーチに悩まされているのは中国人よりも、在日韓国人、在日朝鮮人の人たちが多いようです）。

相手の靴を履いて考えてみよう

では、私たちの周りにもはびこっている偏見や差別という負の感情や行動から自分を解き放つには、どうしたらいいのでしょうか？

難しい問題ですが、一言で表現するならば、**「相手の靴を履いて考えてみる」（Put yourself in their shoes）**ことです。

他人の立場に立ってものを見たり、考えたりすると、その人の気持ちや感情を理解したうえで反応しようとします。これを重ねていくと、相手に対する**「共感力」（empathy）**が高まっていきます。この共感力が、偏見や差別を克服するのにおおいに役に立つのです。

今のところ、「共感力」以上にパワフルなコミュニケーション・ツールは見当たりません。また、相手に対する偏見や差別を払拭するという、負の部分に対応するだけでなく、相手の立場に共感することで、コミュニケーションが円滑になり、より深い人間関係を築くことができるようにもなります。

では、具体的にどのようなことが「共感力」なのか、そして、どうしたら「共感力」を養っていけるのかについて、これから徐々にお話ししていきましょう。

2 どこの国でも壁を超えられる共感の力

相手の価値観を受け入れてみる

既に35年以上も前の話です。まだ「共感力」という言葉も知らなかった頃、異文化に遭遇して初めて〝どうしよう〟と悩んだ出来事があります。

「東南アジア青年の船」でシンガポールに寄港し、ホームステイに出かけたときのこと。当時、政府が建設・管理していた団地の一角に住んでいた中華系のホスト・ファミリーの一家と夕食のテーブルを囲んでいました。

各人のお茶碗に盛られたご飯と一緒に、巨大なスープ・ボウルがテーブルの真ん中に置かれました。それは、野菜や鶏肉などが入った具だくさんのスープでした。しかし、いつまでたっても各人のスープ皿は出てきません。そのうち、一家は、スープ・ボウルから自分のレンゲを使ってスープをすくい、そのまま口に運び始めました。

「えっ?」と、一家の様子を観察していましたが、各々のレンゲは、またスープ・ボウルに戻っていきます。そう、家族が1つのスープ・ボウルからスープを共有して食べていたのです。

「こんなこと、日本ではやったことがない。一度口に入れたレンゲをそのままスープ・ボウルに突っ込むなんてことをしたら、普通怒られるよな。それに、これ、衛生的? さて、どうしたものか……」

「サチコも、早く食べなよ」

私がどう対応しようか迷っていると、ホスト・ファミリーが心配そうに私を覗き込んでいます。

「衛生的にもちょっと抵抗があるな。小さなスープ皿をくださいと言うべきか。いや、ここは中国式に従ってみるか」

一瞬、躊躇してから、私は自分のレンゲを大きなスープ・ボウルに突っ込んで、一家と同じようにスープをいただきました。ホスト・ファミリーがそれを見て、安堵した表情を見せたことは言うまでもありません。

この例は、シリアスな偏見や差別という事柄とは程遠い、微笑ましい出来事だったかもしれませんが、私にとっては初の異文化とのコンフリクト（衝突）であり、自分の文化を背景とした価値観と、相手に対する敬意との間で揺れた一大事でした。そして、相手の価値観を受け入れた選択は、その後の共感力の土台となっています。

もし、あなたが異文化に遭遇して悩んだら、それは**共感力を養う一歩**だと思って、おおいに悩んでください。そして、選んだ決定が、相手にとってどのようなものなのかということも、忘れずに考えてくださいね。

援助を受ける人の気持ちが理解できた東日本大震災

２０１１年３月11日の東日本大震災は、私たち日本人にとってはあまりにも大きな犠牲を払った事態でしたが、その惨事の中で自分たちを見つめ直す機会でもあったように思います。私自身にとっては、日頃、国際協力を実施する立場にいるわけですが、そのときばかりは援助や温かい気持ちを受け取る側に立っており、それこそ「他人の靴を履いてみる」ことになった機会でした。

大災害の直後、ジャカルタのASEAN事務局で10カ国のASEAN大使で構成されている会議の一部に参加することになりました。

ASEANの会議は、基本的に内輪の関係者のみによる開催で、部外者は関係する議事のときだけ会議室に呼び込まれるシステムとなっています。私と日本人の同僚が会議室に呼ばれて入ると、議事の前に議長を務めていたラオスの大使が厳かに言いました。

「本日は、日本の友人を迎えているが、議事を開始する前に、今回の大地震と津波で犠牲になった人たちに黙とうを捧げましょう」

皆、椅子から立ち上がり、議長の合図に従って1分間の黙とうを行ないました。私は、あの大震災後、度重なる余震や、24時間つけっぱなしのテレビから流れてくる警戒注意のアナウンス等によって自らも軽いPTSD（心的外傷後ストレス障害）になりかけていたのかもしれません。ラオス大使の心遣いと、各国大使の黙とうに涙が出そうになりました。

また、各国からの物質的、精神的な援助に対しても感謝の気持ちでいっぱいになりました。「これが、支援を受ける側の気持ちなのか」と、そのとき初めて、途上国にとって必要な援助と、それに寄り添う心に対する感謝を口にする人々の気持ちが身にしみて理解できたのでした。

豆100粒の大きな共感力

これもまた、時を同じくして東日本大震災の直後のことです。

私が勤務している組織にも、世界各国から東北地方で亡くなられた方々に対して哀悼のメッセージが届いていました。その中で、思わず涙をこらえられないようなニュースがありました。ケニアからの情報共有です。

何でも、日本が保健プロジェクトを運営して援助している貧しい農村地帯の農民が、プロジェクト事務所に一握りの豆を持ってきたというのです。

「日本の皆さんに対する大きな支援はできないけれど、これが役に立てば……」

そのケニアの村では干ばつが続き、栄養失調になる人も多かったということです。そんな状況の中でも、自分たちの食料であるなけなしの豆を日本人に分けたいという気持ちで持ってきてくれたのでした。

これは、最高の共感力ではないでしょうか？　被災した日本人の気持ちを理解しようとし、何が自分にできるかまで考えてくれたのです。

日本にいた私たちは、差し入れされた豆の写真を見て、やはり泣いてしまいました。心が弱っているときに、他人の温かな気持ちに触れることがどんなにうれしいことなのかを実感したのです。また、日本の援助が、目に見えるインフラや制度という形で残るばかりでなく、現地の人々の心にも到達していたことを確信して、二重にうれしかったことを覚えています。

一握りの豆が、こんなに人を感動させるなんて。共感する力は世界共通の言語ということをわからせてくれたエピソードでした。

バンコク市内の銃撃戦に泣いた日

もうひとつ、共感のエピソードをご紹介しましょう。

２００８年11月のことです。微笑みの国タイは、政治的に二分され、とんでもないことになっていました。

その日、私がラオスのビエンチャンに行くために乗継で降り立ったバンコクのスワナプーン空港は平穏でした。そのまま何事もなく、ビエンチャンに向かうことができました。しかし、その夜半から事態が急変。空港はタクシン元首相の信奉者である赤シャツを着た人々に占拠され、東南アジアのハブ空港のひとつであったスワナプーン空港は、完全に機能を失うことになったのです。

結局、私は、バンコクには戻れず、ビエンチャンで他のルートを探し回ったあげくにエアー・アジアでクアラルンプールに移動し、そこから東京に戻ることになったのでした。


東京に戻ると、バンコクの事態は悪化していました。ついにデモ隊と警察軍が衝突。CNNは、バンコクの中心地にあるルンピニ公園付近での銃撃戦を中継していました。

バンコクに住んでいる間、週末のたそがれどきには家族揃ってよく行った公園です。真剣にジョギングしているメタボのおじ様方や、ゲイのインストラクターが張り切っている青空エアロビクス教室を通りすぎて、池の周りの広場で子供たちとのんびりと戯れていた思い出の場所です。

「ルンピニ公園が赤シャツと黄シャツの対立の場になってしまう。銃弾の音も激しくなっている……」

CNNの画面に張りつきながら、涙を流していました。自分と家族が20年も住んでいたタイが政治的に二分化され、対立構造が深まり犠牲者まで出ているという状況に対して、何もできない自分が歯がゆかったのです。第2の故郷を失うような暗澹《あんたん》たる気持ちでした。

そして、泣きながら、気づいたことがいくつもありました。まず、自分自身がタイに対して特別な思い入れを持っており、他の外国に対する感覚とは明らかに一線を画していたことです。

また、タイの友人たちの安否についてもたいへん心配し、皆にメールや電話で連絡を取ることに時間とエネルギーを費やしました。今になって思えば、これが、私のタイに対する共感だったのです。

〝ガラス越し〟の同情と共感力は違う

大学の授業で「共感力」について話すと、必ず学生から出てくる質問があります。

「先生、共感と同情って違うのでしょうか。どちらも相手を思いやることなのでしょう」

そのときの私の答えは、

「共感力と同情は別物です」

というものです。

同情は、相手の靴を履かなくても、距離を置いたところでも存在できる感情です。たとえばテレビのニュースを見ていたときに、事件に巻き込まれて被害にあった人の報道があったとすると、それに対して年老いた母が「かわいそうにねえ」と感想を漏らすのも同情の形です。被災した人たちに対して「大変なことになったのね。かわいそうに」と同情しても、何も行動を起こさなかったら、それも同情に留まったままです。

私の考えでは、**「〝ガラス越し〟に相手の状況を見てかわいそうと思っても、しょせんは他人事」という感情が同情**です。

それに対し、共感は、相手の痛みを自分の痛みとして感じられる感情であって、そのように感じることのできる力が「共感力」です。

相手の状況を自分のことのように感じられるからこそ、ケニアの農民が自分の大切な食糧である豆を日本人におすそ分けして少しでも力になりたいと願い、私自身もバンコク市内の銃撃戦を目の当たりにして、何もできない悔し涙を流したのです。

日本コミュニケーショントレーナー協会の椎名規夫氏は、『人を動かす力』（明日香出版社）で、このように述べています。

「どんなに相手の気持ちを感じることができたとしても、同じ体験をしていない限り〝あなたの気持ちがわかります〟という言葉は、安易に使わないことをお勧めします」

3 個人対個人の関係に集中すると「共感力」が倍増する

自分から相手に優しく接することが、基本中の基本

では、どうしたら、共感力を養えるのでしょうか？

まずは、相手がどのような人かには関係なく、どんな人にも優しく接してみることです。当たり前のことのように聞こえますが、現実にはなかなかできないことも多いのではないでしょうか？

人間関係は、必ず誰かがはじめの一歩を踏み出さなければ始まりません。そこで、**自分がそのはじめの一歩を踏み出す役だと決めてしまいましょう。**

たとえば、挨拶。相手から声をかけられる前に、あなたが大きな声で、

「こんにちは！」

と、元気よく声をかけてみるのです。

これは、相手の存在を認めていますよという合図でもあり、優しさに他なりません。自分が認められているとわかって嫌な気持ちになる人はいませんから、相手も挨拶を返してくれるでしょう。

優しさとは、何か特別に親切な行為で表現するものではなく、相手に声をかけてあげるというような、小さいけれど心に響く日常の行ないからにじみ出てくるものです。これはつまり、「私とあなた」、一対一の関係でコミュニケーションしていくときの姿勢でもあります。

そこから人間関係の途《みち》が開けるかもしれません。相手に対する先入観は持たず、まずはひたすら優しい挨拶を送ってみてください。

２０１６年10月から11月にかけて、フィリピンのミンダナオ島から将来のミンダナオ開発を担うであろう15人の有望な若手公務員を北海道に招き、開発の在り方を考える研修を

3週間にわたって行ないました。

私は、その研修コースのリーダーとして彼らに向き合っていました。この短期間に彼らとの間に信頼関係を築くために必要なものは、共感力だとわかっていました。

そこで、私の取った戦略は、

- **全員の名前（ニックネーム）をすぐに覚えること**
- **一人ひとりの状況に合わせて私から積極的に声がけを行なうこと**
- **研修の時間以外にも彼らと過ごす時間を作ること**

この3点でした。

まず私は、

「フェイス、昨日は具合が悪そうだったけれど、今日の調子はどう？」

「マーク、防寒服の重ね着で膨れ上がってるわよ！　これで歩けるの？」

「バイコン、あなたの今日のヘジャブ（イスラム教徒の女性が人前で髪を隠すためのスカーフ。このとき、彼女はターバンのように見えるスタイリッシュな布製のキャップをかぶっていました）、とても素敵ね！」

と、必ず名前を呼びかけながら話をするようにしました。

すると、2週目あたりから、15人との距離がぐっと近くなっていきました。視察のときに私の荷物を持ってくれる人、雨が降ると傘をさしかけてくれる人、自分の仕事や家族のことを率先して話してくれる人、一緒におどけた表情で写真撮影をしようと声をかけてくれる人などが現われ、私と彼らの間にパイプがつながったことが感じられました。こうして、**双方向の人間関係ができると、彼らに対して共感する力はますます強くなっていった**のです。

ひとつ自慢していいでしょうか。研修も最後にさしかかった頃、一人の青年が私にそっと手紙を渡してくれたのです。

「今日開けちゃダメ。明日、読んでね」

ダメと言われると余計に見たくなるのが人情です。部屋に戻って三つ折りにされた手紙をそっと開いてみました。そこには私にはとうてい書けないであろう、非常に洗練された英語で、詩のように綴られた文章が並んでいました。

タイトルは「まだ、出会ったことのないようなお母さん（Mother whom I never had）」。

不覚にも、これを見ただけで、泣けてきました。手紙の一部には、「人の心の壁を崩させる特別な何かがある」というようなことが書かれていました。

これが共感力だとしたら、私の意図していたことが十分に伝わっていたということです。改めて、何気ない優しさが共感力を高める第一歩だということを確信できたエピソードでした。

相手に対する好奇心は、言葉の問題を超えてしまう

我が家には90歳を超えた母がいますが、英語もわからない彼女のコミュニケーション能力と共感力を見ていると、驚いてしまうことが多々あります。

我が家に外国人の友人たちを連れていくと、母は事前に身なりを整え彼らを迎える準備をして、臆するどころか、彼らとなんとかコミュニケーションをしようとして前に出てきます。彼女の原動力は、そのおおいなる好奇心。

「まあ、よくいらっしゃいました。日本は初めてですか？　今日はどこへ行ってきたの？歩いてきて疲れたでしょう。どうぞ、お菓子とお茶を召し上がれ」

と、皺くちゃになった笑顔とともに日本語のシャワーを浴びせかけます。

相手は日本語がわからないのですが、母の好奇心から発せられる言葉の響きの中にある相手のことを知りたい、短い時間だけれどできる限りもてなしたいという気持ちが伝わっているようです。

母も、私の通訳付きで、一生懸命に友人との会話に参加しようとしてきます。

「今、東京は桜が咲いて一番いい季節ですよ。隅田川の遊覧船でお台場まで行く間、両岸に桜が満開ですよ。行ってみたら？」

と、観光ガイドまで買って出ます。

「サチコのお母さん、カワイイ！　好き！」

とばかりに、母を抱き寄せて一緒に写真を撮って帰る友人が結構な数、いるのです。母も満面の笑顔でそれに応えます。母の好奇心と相手に寄り添いたいという気持ちは、言葉の問題を難なくクリアーしてしまうのです。

もちろん、言葉のコミュニケーションは別の段階のコミュニケーションでは不可欠ですが、このレベルのコミュニケーションでは必要条件ではなく、言葉を媒介しなくても相手に対する共感は十分に生み出せることがわかります。

相手を○○人と見ずに、個人として付き合ってみる

私たちは、初対面の人に対して、どうしても○○人という、国や人種のカテゴリーに当てはめて見てしまう傾向があります。ここを人間関係の入り口にしてしまうと、既にお話ししたステレオタイプに惑わされて、相手に対する不必要な先入観が邪魔してきます。できる限りステレオタイプに翻弄されないようにするために、相手を国籍や人種で判断するのではなく、ティナさん、パクさんといった**一個人として付き合ってみる**ことが大切になります。

先入観がなければ、相手がしゃべる言葉と行動がストレートに心に響きます。そこで信頼関係が生まれ、友人を通して自分とは異なった価値観や世界観があることを理解していけるのです。

そうすると、お互いに共感し合う関係が築きやすくなります。もちろん、個人として付き合えば、誰とでも信頼関係が生まれるというわけではありませんが、少なくとも、相手をステレオタイプの色眼鏡で判断しているのではないことは確かです。

私が勤務地のバンコクで夫と出会ったのはもう数十年も前の話ですが、初対面ではお互いに相手の国籍を間違って想像していました。私は彼のことをブラジル人（前赴任地のブラジルの話ばかりするし、顔立ちもラテン系だったので）だと思い、彼は私を中華系タイ人だと信じて疑わなかったのですから、笑ってしまいます。

しばらく話をしてから、彼がフィリピン人で、私が日本人であるということにお互い驚いてしまいました。これで、お互いの国籍神話は消滅し、その後は個人として向き合うことがラクになりました。

すると、次々と新しい発見がありました。お互いの価値観が一致するとか、将来に向けての考え方が似ているとか……。私たちは、結局、結婚という結論にたどり着きましたが、もし、最初から日本人とフィリピン人というステレオタイプで相手を見ていたら、こんな顛末にはならなかったかもしれません。

個人的に共感できると、相手の国や集団にも共感できるようになる

相手を〇〇人として見て付き合うのではなく、個人として付き合っていき、互いの間に共感が生まれればしめたものです。一歩進んで、相手の国や集団に対しても共感できるようになるのです。

2013年11月、フィリピンのレイテ島をハイヤンと名づけられたスーパー台風が襲いました。近年の地球温暖化の影響で、これまでにないほどの巨大な勢力を持った台風は、タクロバン市を中心とした地域に壊滅的打撃を与えたのでした。

もし、共感力が個人レベルに留まっていたとすれば、友人が台風の被害に遭っていないかどうかと、安否を確認し、個人的な援助の手を差し伸べることになるのでしょうが、仮に友人は無事であったとしても、友人の住んでいる国は、既に赤の他人の国ではなくなっています。現地へ行って支援ができないのであれば、義援金を赤十字に寄付するとかして、なんとか協力したいと思うようになるのです。

フィリピンだけではありません。2016年10月にタイの国王が崩御されたとき、私もタイの友人たちと一緒にしばらくの間、悲しみに沈んでいました。20年も無事に過ごさせてもらい、子供たちが生まれ育ったタイには特別の思いがあることは既にお話ししましたが、今回の国王の崩御に接しても、心はタイに飛んでいました。

このように個人への共感が、彼らが属する国や集団への共感に発展していくのですから、私は、若い人たちには積極的に外国の友人を作ることが、国際交流の最善策なのだと説いているのです。

個人的な関係を経なくても、異文化を受け入れ共感できる

さらに、外国人の友人を持って、異なる世界観や価値観の存在を理解し、彼らの国や集団にも共感できるようになると、今度は異文化全体の捉え方が変わってきます。個人的な経験を経なくても、外国や特定の集団を受容し、偏見を払拭して共感を持つことができるようになるのです。

これには、少し時間を要するかもしれませんが、必ずや到達できる境地だと考えていま

す。たとえば、私が若い頃に働いていたバンコクの国連難民高等弁務官事務所（ＵＮＨＣＲ）では、主にカンボジア難民の保護を担当していました。

したがって、カンボジア難民キャンプ（カオイダン・キャンプ）には足繁く通うことになるのですが、難民となって国を追われてきた人たちに対して敬意を持って、また同じ目線で話せることが私の誇りでした。

当時は、事情があってキャンプ内の掘っ立て小屋で寝起きをしていても、いつの日か第三国に定住していくか、またはカンボジアに戻って生活を立て直していく希望を持って生活している彼らの間にスーッと入っていき、彼らの気持ちに寄り添うことができました。

まずは、声がけです。

「こんにちは。今日の体調はどうかしら？」

すると、待ってましたとばかりに、彼らは自分たちの状況について話し出します。クメール語はわかりませんので通訳を介しての会話ですが、辛抱強く彼らの声に耳を傾けます。お年寄りの人たちは、必ずと言ってよいほど、私の手を握りながら話を続けます。

キャンプ内の問題や将来に対する不安など話題はさまざまですが、彼らの話をじっと最後まで聞くことが最高のコミュニケーションだったのです。

英語ができるようになった若者たちとは、積極的に話をするようにしました。これは、難民を自分とはまったく別の世界の人たちと見るのではなく、今は難民として存在しているだけで、本来は同じ人間なのだという共感があったからです。

どこに行っても、スーッとその集団の中に入っていけたら、それは異なる文化や集団を知らないうちに受け入れているサインです。

4 実は、日本人の潜在的コミュニケーション能力は世界最強！

空気を読める民族が世界にどれだけいるのか？

1章でもお伝えした通り、私は、日本人は、実はコミュニケーション能力が高いと思っています。だから、国際的な場面でのコミュニケーションについても委縮する必要はないですし、反対にそのコミュニケーション潜在力を引き出して自信をつけていきましょう。

日本人の私たちは、相手の気持ちを察して行動するように、生まれたときからしつけられています。それが、日本の精神的文化の一端となっており、今では「空気を読む」という言い方で、若い世代にも綿々とつながっています。

一体、「空気を読む」民族が、世界にどれだけいるのでしょうか?

ここで、日本人の特殊性をわかっていただくために、日本の文化について他国と比較してみましょう。これについて、わかりやすい研究結果があります。

米国の人類学者のエドワード・ホール氏が研究して発表した**「コンテキストの高い文化」と「コンテキストの低い文化」**という比較方法です。コンテキストとは、一般的には「文脈」「脈絡」「前後関係」という意味で捉えられます。

「コンテキストが高い」という状況は、「ほとんどの情報が物理的に組み込まれているか、人々に内面化していて、言語や文字で表わす必要がほとんどない集団主義的文化に多く見られる」と、ホールは言っています。

「空気を読む」という行動は、まさに情報が日本人の間の空間に漂っていて、お互いを理解するために改めて言葉や文字にする必要などないということなのでしょう。

反対に、「コンテキストの低い文化」では、言葉や文字といった明確な形で、大量の情報が提供されます。各国のコンテキスト度を測ったロジャーズとスタインファットの研究

各国人のコンテキスト度

高

日本人
中国人
アラブ人
ギリシャ人
スペイン人
イタリア人
イギリス人
フランス人
アメリカ人
スカンジナビア人
ドイツ人
ドイツ系スイス人

低

出典：E.M.Rogers & T.M.Steinfatt, “Intercultural Communication”, Waveland Press Inc.,1999(P.93)

では、日本が世界で最もコンテキスト度が高い国だということです。

大雑把に言いますと、アジアの国々では比較的コンテキスト度が高く、ラテン系国家（スペイン、イタリアを含む）がそれに続き、アングロサクソン系、ゲルマン系になるにしたがってコンテキスト度が低くなります。

こうしてみると、私たち日本人は、コミュニケーションにおいてはかなり特殊な環境に置かれていることがわかりますね。

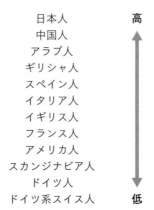

日本人は自分の高いコミュニケーション潜在力を知らない

このように、最高度のコンテキスト文化を背負った私たちのコミュニケーション潜在力は、相当高いと、私は考えています。

だって、コンテキスト度が山の頂上にあるのなら、あとはそこから下山していけば、山のすそ野まで踏破できてしまいますよね。下から上に登るのは、上から下に向かうよりも何倍も労力がかかるものです。特に、長年の文化の中で育まれてきた〝言葉にしなくても情報共有ができてしまう空気〟は重いものです。

私たちは、生まれたときからこの空気を吸って生きていて、これが体の隅々まで浸透しているわけですが、この空気を外国の人が理解するのは至難の業です。

「日本人は、概して言葉数が少なくニコニコしているのだけれど、何を考えているのかわかりづらい」

と言った外国の友人がいました。

「この情報が詰まった重い空気は、長年、日本人の中で過ごすことでやっと少し理解できたような気がする」

と言った同僚もいました。

コンテキストの山登りがそんなに難しいのであれば、**私たち日本人が下山して行って、相手の外国人のコンテキスト度合いに合わせていくことのほうが現実的で、かつ容易なのではないか**と、私は考えています。

これは、外国に飛び出してから日本に再度住み始めるまでの20余年間に、私自身が試行錯誤してたどり着いた結論です。

5 「コミュニケーションの切り替えスイッチ」を使おう

「空気を読む社会」と「言葉を媒介とする社会」の間を行き来する

では、どうしたら自由にコンテキストの山を登ったり下りたりして異なる文化に対応していけるのでしょうか？

私は、異文化への尽きぬ関心から、結果的にはコンテキストの高低のある国際社会の間を行き来するという環境に自らを置く、という経験をすることになりました。

私が共感力を養うことができたのは、「東南アジア青年の船」のプログラムに参加したからだということは既にお話しした通りですが、これは、文化的に多様性に富んだASEAN

各国の友人を得たことが大きく影響しています。まずは友人たちに共感し、次に友人たちの国に対しても共感するようになり、最後の到着点として、異文化全体に対して受け入れのキャパシティが大きくなっていったと思います。ソーシャルメディアの発達にも助けられて、30年以上を経た今でも、日常的にコミュニケーションできる友人たちが各国に散らばっています。

「東南アジア青年の船」のプログラム終了後、既に異文化への遠心力が高まっていた私は、オーストラリアの首都キャンベラの大学院に留学しました。初めて、アジアの外に飛び出したのです。

オーストラリアは、かなりコンテキストの低い文化を持ち、結果として言葉によるコミュニケーションの比重が格段に上がりました。それでなくても、最初の頃はオーストラリアの英語に苦労しました。笑い話のようなホントの話ですが、私と同じくロータリー財団の奨学生として米国から留学していたジェイミーと地区のロータリーの歓迎会に参加したときのこと、ジェイミーがひそひそと話しかけてくるのです。

「サチコ、君は会長の挨拶がわかるのか？　僕は彼の英語がわからないよ」

一瞬、耳を疑いましたが、アメリカ人にも理解できないハードルの高い「オージー英語(オーストラリア訛りの英語)」を話す人がいるのだということが確信できたわけです。

そうなると、こちらは二重苦です。日本語以外の言葉というだけでハードルが高いのに、学校で習っていたアメリカ英語とは違う英語を理解しなければならない……。必然的に、自分の言っていることを相手にわかってもらおうとして、身振り手振りも大きくなっていったのでした。

留学を終えると、そのまま日本社会には戻らず、UNHCRに入り、バンコク事務所への配属が決まりました。国連は人種のるつぼですから、職員の間で共有されるのは最大公約数の倫理観と言葉だけ。オーストラリア以上に言葉が重要となってきます。

仕事上では、意見の対立もあって当たり前の世界ですから、上司に向かってでも説得を試みることが多々ありました。必然的に、ジェスチャーもより派手になっていきました。きっと、国連ビルの中では、見た目は日本人でも、素振りと声の大きさは国連仕様になっていったのだろうと思います。

相手を見ながら「空気」と「言葉」の割合をコントロールする

夕方、業務を終えて国連ビルの外に出ると、そこはムワーッとした空気に包まれたバンコク。湿気の多い空気の中にあるコンテキストは、国連のそれとはまったく違っています。

5分前まで英語で、

「あら、この件ではあなたの意見には賛成できないわ！（Sorry. I can't agree with you on this matter!）」

と、ダイレクトな言い回しで侃侃諤諤《かんかんがくがく》と議論をしていたのに、今はビルの前に止まっているタクシーの運転手と柔らかい響きのタイ語で値段の交渉をしているわけです（その頃、バンコクのタクシーにはメーターがついていませんでしたので、乗るたびに事前に値段の交渉をする必要があったのです）。

「ねえ、もうちょっと安くならな～い？（ピー・カ・ロットノイ・ダイマイ？）」

この差たるや、大変なものだったと思い起こします。

タイ人と接するときは、タイの文化の枠の中に納まるようなメンタリティと言葉遣いに変えていくわけです。タイの人と話すときに、国連モードをそのまま前面に押し出してしまっては、受け入れてもらえません。たとえば、物事を断るときも、ひたすら婉曲な言い回しを使うタイ人のメンタリティを理解する必要がありました。

一言で簡単に説明するならば、**相手を見ながら「空気」と「言葉」の最適な割合を探し当てて、コントロールすることが必要**ということです。

具体的にどうしているかというと、私は日本人の高いコンテキスト、つまり空気を読む力と、後天的に養っていった共感力を駆使して、少しずつコンテキスト山を降りていくのです。

空気を読む力を全開にして相手に接するところから始めますが、相手がどれだけ察することができるかを見極めながら、少しずつ言葉の量を増やしていきます（つまり下山していきます）。すると、ある時点で、「空気」と「言葉」の割合が最適な地点を見つけることができます。

それは、**相手が警戒心を解いてリラックスしている反応をキャッチした地点**です。

「空気」と「言葉」を行き来して最適な地点を見つける

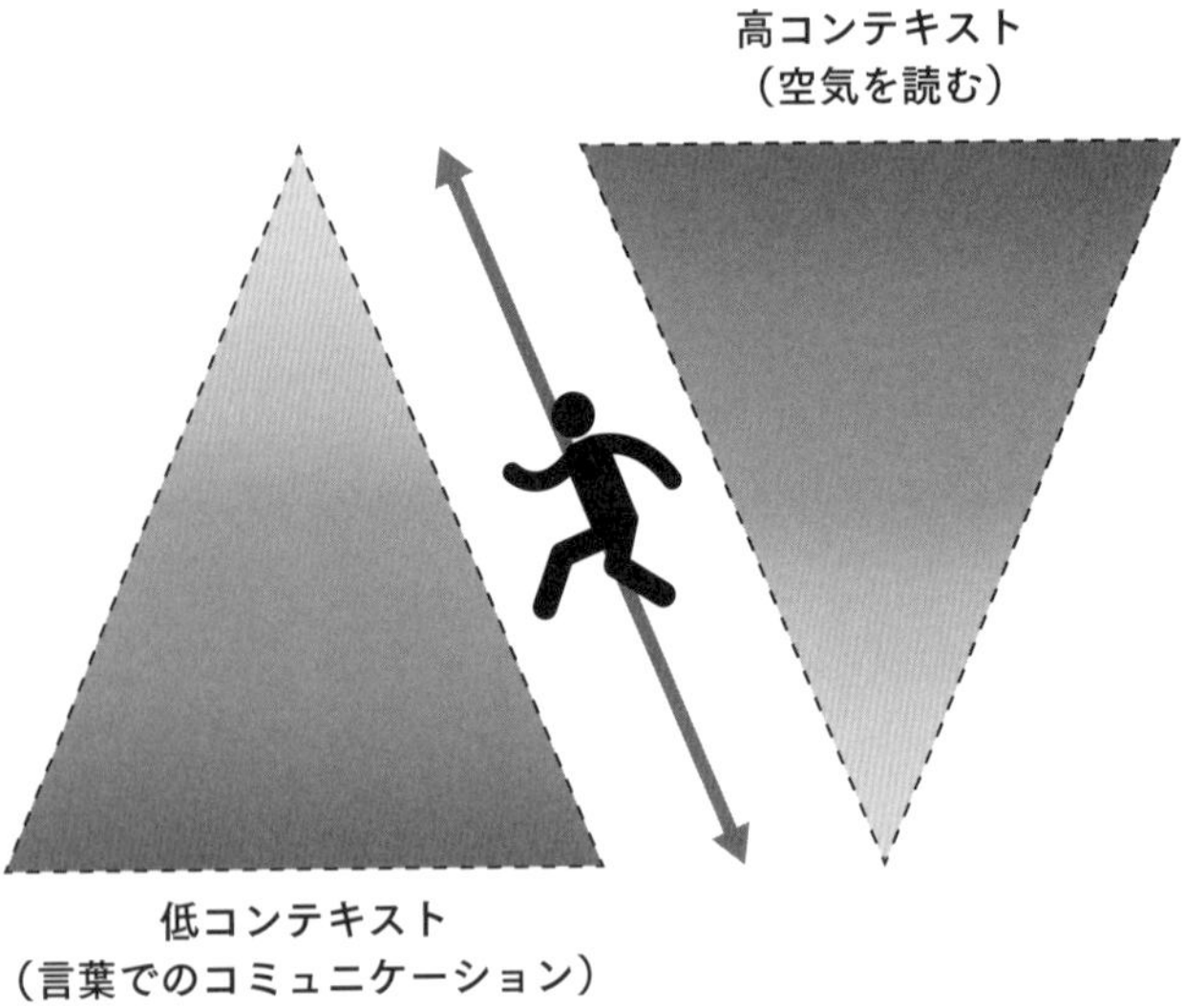

POINT

高いコンテキストから下山して、「言葉」の割合を増やしていく。高コンテキストの日本人だからこそできる、共感のコミュニケーション・スキル。

たとえば、私が黙ってニコニコと微笑んでいることに対して、「何を考えているのかわからない」

という反応を見せる人であれば、「言葉」の量を格段に増やします。すると、相手が饒舌に話し出したりと、ポジティヴな反応を見せるようになったのであれば、そのフォーミュラが正解ということです。

これは、「空気」を読むことに長けている日本人にはアドバンテージです。既にお話しした通り、「空気」を読めない人が「空気」を読む社会に溶け込むのは容易ではありませんが、「空気」が読める私たちは、事前に「言葉」の鍛錬をしておけば、「空気」に濃淡のある異文化を自由に行き来できるからです。

自分のコミュニケーション・チャンネルを自由自在に変える

最初は、誰でも意識的に訓練する必要がありますが、そのうちにTPOをわきまえて、**自由に自分のコミュニケーション・チャンネルを変えられるようになります。**

たとえるなら、耳の後ろにダイヤル式のチャンネルがついていて、それを回すと異なった社会・文化の波長に合わせることができるというイメージです。

最初の頃は、チューニングが必要ですが、そのうち状況に合わせて自動的にチャンネルが作動するようになります。

こうなればしめたもの。どんな世界に行っても、コミュニケーションには自信を持つことができるようになります。


もちろん、その根底には、共感力があり、異文化の社会やそこにいる人たちに対して、〝彼らの靴を履いて〟考えてみるという姿勢が貫かれている必要があります。

海外旅行、留学、海外赴任と、現代では海外に出ることが普通になっていますが、あなたにも機会が訪れたら、ぜひ、耳の後ろの「コミュニケーション・チャンネル」を合わせる作業をしてみてください。

3章

STEP2

コミュニケーションの障害となる「過剰な意識」を手放す

1

パワーに対する「過剰な意識」が共感力を邪魔している

あなたの中に共感力の大敵はいませんか？

前章では、共感力を養っていこうとする際に邪魔となるステレオタイプのイメージや偏見を、どうしたら追い出すことができるのか、私の経験も踏まえてお話ししました。

個人的に共感する力が、相手の国や集団に対しても及んでいき、最終的には異文化全体に対して共感することができるようになる、というシナリオは真実なのですが（私が証明済みです）、きっと、ハードルが高いと思っている人もいることでしょう。

でも、安心してください。外国の友人を作ったりしなくても、ステレオタイプや偏見に

「パワーの意識」が共感力の邪魔をする

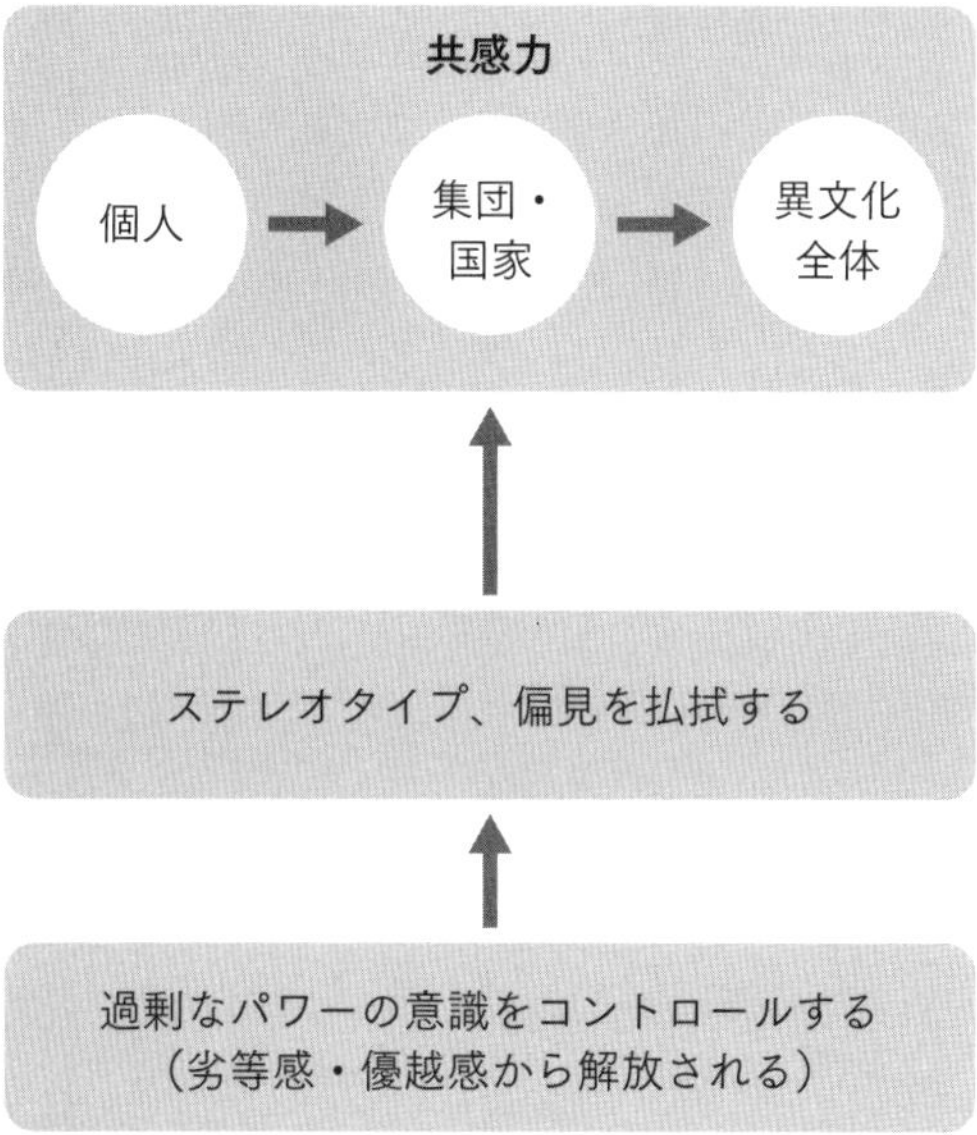

POINT

人間関係に存在するパワーの意識をコントロールできれば、共感力が身につき、コミュニケーション力もアップする！

悩まされずに共感力を高めることができます。

それは、共感力を高める「受け皿」を自分の中に作っておくこと。

そもそも、なぜ、他人や集団に対してステレオタイプのイメージを抱いたり、偏見の感情を持つのか、考えたことはありますか？

私は、ある日、海外出張へ行く途中の機内で、近くの席の男性を観察していてハタと気づいてしまったのです。彼は、先ほどまで上司の鞄持ちでへこへこしていたのに、上司と離れて自分の席に座った途端に人格が豹変。フライトアテンダントの女性に、新聞がないだの、食事が出てくるのが遅いだのと、タラタラと文句を言ってばかり。あまりの変わりように、思わず男性を凝視してしまったら、彼と目があって気まずい思いをしました。

「ああ、これはパワーの問題なのだ！」

と、私の頭は「Aha（アハ）！」状態。これまで、どう説明してよいかわからなかった人間関係の一側面を一瞬にして理解しました。このパワーこそ、ステレオタイプや偏見につながる共感力の大敵なのです。

人間関係のすべてはパワーの問題に通じている

パワーは「権力」や「権威」とも訳されますが、ここで使うパワーはそれらを網羅した広い意味で捉えています。**人間が二人いれば、必ずやパワーの問題が発生します。**どちらが年上なのか、どちらの社会的地位が高いのかなどによって二人の間のパワー構造は決まってきます。また、文化的背景もパワーの構造を決める要因になります。

たとえば、タイでは**「ピー・ノン関係」**といって、年上・目上の人に対しては「ピー」と呼び、年下・目下の人には「ノン」と呼ぶ習慣があります。

それだけでなく、名字が社会的ステイタスを測るひとつの目安となっています。実際、二人のタイ人の友人同士が話しているのを聞いて耳を疑ったことがありました。

「君の名字は僕のよりも数段格上だね」

タイには、名字の後に、たとえば〝ナ・アユタヤ〟とつけばアユタヤの貴族、〝ナ・ソンクラ〟であればソンクラの貴族というように、昔の社会的ステイタスを明示している名字もありますが、そうでなくてもタイ人同士では格付けがわかるらしいのです。

初対面のタイ人同士は、年齢、学歴、社会的ステイタス、そして名字に至るまで、すべてのものさしを動員してお互いの間のパワー構造を確かめようとします。

現在、日本で問題になっているいじめも、子供たちの間に存在しているパワー構造が弱い者に対する嫌がらせや、疎外、暴力という形で噴出しているとも言えるでしょう。

人間関係の問題は、すべてお互いの間にあるパワーの問題につながると言えますが、そのパワーに対して上手に対応していかないと、コミュニケーションにも支障をきたします。

これは、日本人同士の場合はもちろんのことですが、外国人とのコミュニケーションの場合には、ステレオタイプや偏見にもつながっていく問題だと常々考えています。

上司のご機嫌をうかがうYESマンは「劣等感」に支配されている

どんな組織でも、上司のご機嫌をうかがう「YESマン」を何人か見つけることができるでしょう。これも上司のパワーにひれ伏している例で、自分の中には上司に対するある種の劣等感があります。

　必ずしも上司の言い分に賛同しているわけでもなく、終業後の飲み会では、いつも同僚と上司の悪口を言って日頃のストレスを解消しているかもしれません。しかし、それでも上司の前で何も言えないのであれば、それはやはり劣等感に支配されていると言わざるをえません。


　会社組織の中だけではありません。政治の世界はもっと顕著にパワー構造が表われています。選挙のときだけ平身低頭で、1票を獲得することに必死な政治家の中には、いったん当選してしまうと、人格が一変して天狗になってしまう人が少なからずいます（特に自分の選挙区以外で）。

　先生と言われる優越感からなのでしょうか、

「あなたは公僕なのか」

と疑いたくなるような高慢ちきな態度で、〝上から目線〟でものを言う人が後を絶ちません。失言で後から陳謝を迫られる政治家が多いことも頷けるのではないでしょうか（もちろん、誰に対しても穏やかで公平な人格者もいます）。

しかし、このような政治家に対して、すり寄っていく人たちも多く、この歪《いびつ》なパワー構造は固定化してしまっているようです。

上にビビる人は、下には横柄という鉄板の構図

逆に、部下に横柄な中間管理職も困りものです。

「○○君、これやっといて」

と言って、机の前の部下と目を合わせることもなく、ぶっきらぼうに書類を渡す人。

「まったく、何回言ったらわかるんだ、君は！」

と、大勢の同僚の前でも怒鳴り散らす人。心当たりありませんか？

このような人は、オフィスの掃除をしてくれる業者の人たちや若い女性契約社員などには挨拶もしません。まるで、彼らがそこに存在していないかのように無視して通り過ぎていきます。

しかし、ここには一定の法則があります。「**上にビビる人は、下には横柄**」という鉄板

の法則です。

先ほどお話しした機内の男性がまさにその好例です。この男性は、権力や権威を対象としたパワー・ゲームの中にどっぷりと浸かっており、上下の関係に対してとても敏感です。上司を含め、上のパワーに対しては劣等感の表われとして必要以上にへりくだり、その反動として、下には横柄に対応するといったことになりがちです。表現としては正反対のようですが、その根底にあるものは同じ。「**パワーへの執着**」と言ってもいい心理状態です。

ここで間違ってほしくないのは、このパワーへの執着に対する警告は、上に対して敬意を払わないでいいとか、下に対する教育や指導は不要と言っているわけではないということです。

一般人の常識として、年上、目上に対する敬意は必要ですし、若い人たちに対する指導も不可欠です。しかし、どちらも度を超すと、相手との間で適切なコミュニケーションが取れなくなる危惧があります。

2 優越感や劣等感の意識を手放そう

自分の中の優越感と劣等感を知る

人間関係につきまとうパワーの問題から自由になれたら、どんなに気持ちが軽くなることでしょうか。自分の中の優越感や劣等感を手放してしまうと、誰とでもコミュニケーションがラクにできるようになります。

それだったら、誰でも自分のパワーから自由になりたいですよね。ここでは、自分が持っているパワーにまつわる優越感や劣等感を手放す方法についてお話をしますが、その前に、まず、自分自身がパワーについてどんな状態にあるのかを知ることが第一歩です。自分が抱える問題とまっすぐに向き合わなければ、いつまでたっても問題は解決しません。

次の項目を、さっそくチェックしてみてください。

1 上司に無理難題を押しつけられても「NO」と言えない　Yes・No
2 目上の人の意見が間違っていると思っても反対意見を表明できない　Yes・No
3 ゆくゆくは自分のような従順な部下を持ちたいと思っている　Yes・No
4 部下には自分から「おはよう」と挨拶して言葉をかけている　Yes・No
5 部下や年下の人にも丁寧なメールを書いている　Yes・No
6 オフィスの清掃員にも「ご苦労さまです」と言葉をかけている　Yes・No

さあ、いかがでしたか？

この質問のうち、1番から3番までをYes、4番から6番までをNoと回答したとした人は、かなり**パワー・コンシャス（パワーに過度の意識を向けている）**ということになります。

具体的に言うと、1番から3番までにYesと答えた人は、上からのパワーに従順です。この人たちは、自分の地位が上がった末には、部下や年下に対して自分のパワーを押しつけるようになる予備軍です。4番から6番にNoと答えた人は、自分が下に対して持っているパワーに無頓着であるために、部下や年下の人たちとスムーズなコミュニケーションが取れない人たちです。

でも大丈夫。これから問題をひとつずつ克服していけばいいのですから。

「パワー」に対する過剰な意識は国際的な場面でも生まれる

なぜ、私が先ほどから「パワー」の話に固執しているかというと、これが国際的なコミュニケーションにも通じるものだからです。

ステレオタイプのイメージや偏見の根源をたどっていくと、相手との関係性における優越感や劣等感が少なからず関係していることに気づかされます。日本人同士であれば、パワーは、具体的に年齢、肩書、社会的地位などの格差の間に入り込んできます。

そのパワーに過剰に反応していると、既にお話ししてきたような優越感や劣等感といった言葉で表わされる感情と態度に出てきます。

私が発見したのは、**国内における個人間・集団間のパワーへの反応の仕方が、国際的な場面でも同じように表われてくる**ということです。国内と違うところは、年齢、肩書、社会的地位に加えて、人種や宗教や国というところまでパワーの問題が入り込む点です。

たとえば、日本人の中には、未だに欧米崇拝、ウエスタン追随傾向が垣間見られます。テレビコマーシャルのイメージ・キャラクターも、外国人の場合は、90%以上が、いわゆる白人です。

最近では、新しいカッコよさの象徴としてアフロ・アメリカンの人たちも登場してきて、いい傾向だと思いながらテレビを見ていますが（もしかすると、これはテレビコマーシャルを作る側の人たちが人種間のセンシティビティに配慮しているのかもしれませんが）、アジア系の人たちが出てくることはほとんどありません。

これは、まさに日本人がカッコいいと思う理想形が、昔から相も変わらず欧米人の中にあることを証明していると思いませんか？　これも、ある種、劣等感の表われなのではないでしょうか。

アジア系の人たちには〝上から目線〟で対応する日本人

人口減少に歯止めがかからない日本は、逆に平均寿命だけは毎年のように更新しており、世界でも名だたる老人大国になりつつあります。そこで、2000年頃から海外からの看護師の数を増やそうという取り組みが始まりました。

インドネシアやフィリピン、そして最近ではベトナムなどからも可能性のある若者を招聘《しょうへい》して研修してもらうのですが、最後の大きな壁にぶつかって挫折してしまう人が数多くいます。

その壁とは、「日本人と同じ資格試験を日本語で受験すること」です。看護について一定の基準をクリアーすることは必要ですから、試験の内容は同水準であることには納得しますが、数年の研修で日本人と同等の日本語力を期待するのは常識の限度を超えているような気がします。

人手が優先されるのであれば、完璧な日本語を要求するよりも、心細やかな対応や笑顔での応対を求めて、日本人看護師とチームを組んで、お互いの負担を少なくするやり方もあるでしょう。

これは、国ぐるみで、アジア諸国の人々に対して〝上から目線〟で対応しているということではないでしょうか？　もし欧米人が研修員だったら、日本人と同じレベルの日本語を強要するだろうか？　と想像してしまいます。

個人レベルでも、〝上から目線〟の優越感がちらほら見えることがあります。

「中国の会社と取引を始めたのだけれど、納品の期日が守られたことがないんだ。まったく、中国人ってやつは……」

というボヤキを耳にしたことがあります。これでは、「中国人全員が納期を守れない情けない人たち」というように聞こえてしまいます。

納期を守らない人は、どこの国にもいるわけで、この場合はたまたま中国人だったということなのですが、彼の中には中国人全体を見下したようなステレオタイプができあがっているようです。これも、自分と相手とのパワーを天秤にかけた結果から出てきた優越感ゆえの言葉のように聞こえました。

過剰なパワーの意識から自由になって、共感力を働かせよう

パワーに対する過剰な意識が、国際的なコミュニケーションを阻害する原因の根底にあるとわかったところで、ここからは、過剰な意識からどのように自由になっていくかについて考えていきましょう。

これからお話しする方法は、すべて日常の中でできることです。特別に外国人と向き合ってコミュニケーションの訓練をするというようなことではありません。

- 身近な上司や部下との関係について考えて行動してみる
- 年上で長年「NO」と言えなかった相手に「NO」を突きつけてみる
- これまで、無視して通り過ぎていた掃除のおばさんに「ありがとう」と声をかけてみる

……こんなごく単純なことでいいのです。

しかし、侮るなかれ。こういった単純で些細なことが人生を大きく変えるのです。いつか、国際的なコミュニケーションの場において、

「あれ、今までとは違っている。自分の反応は誰に対してもオープンになっているじゃないか！」

こう思う瞬間が来ることでしょう。

ここまで来たら成功のサインです。国内でもパワーに対して過剰反応することがなくなり、国際的なコミュニケーションも円滑になるという一石二鳥の成果が待っています。

3
劣等感を捨てるためには「NO」を恐れない

目上にも理路整然と自分の意見を言え

年上・目上のパワーに対する過剰な劣等感をどのように払拭するのかを考えるとき、私は父の言葉を思い出します。

「**目上にも理路整然と自分の意見を言いなさい**」

それは私が小学校5年生のときでした。5年生と6年生が参加するクラブ活動の時間に、生徒の間で意見の対立が起こりました。何について対立していたのかはうろ覚えなのですが、私は、6年生の先輩の意見に対して納得できないものを感じ、その場で反対意見を述べたのです。

一瞬、先輩に対して反旗を翻すことに対して躊躇はあったのですが、その躊躇よりも自分が納得できないことを飲み込む気持ち悪さのほうが大きかったのです。

幸い、多くの部員たちが私の意見に賛同しながらも、自分の意見を言えなかったということが後からわかりました。

帰宅後、その話をすると、母はうろたえました。

「先輩に対して反対意見を言うなんて。大丈夫？」

ところが、私の父は、

「いや、目上に対しても、自分が正しいと思ったことを理路整然と説明することは間違っていない。よくやった」

と、反対に褒めてくれたのです。これは私にとって大きな自信になりました。

上のパワーに対して必要以上に敏感にならず、卑屈にならず、理を尽くして対応すればいいのだということを悟った私の原点です。

組織の中で上司との小さな対決を試みよう

別に何事にも反対してみようと言っているわけではありません。とにかく、自分の中で決めるのです。どんな些細なことでも上司が言ったこと、上司から指図されたことが、自分の心にストンを落ちていくものなのかどうかを点検する、と。そして、もし腑に落ちないことがあったら、小さな対決から始めてみるのです。

私にも、若かった頃、組織の中で上司との関係に悩んだ経験があります。私自身はバンコクで仕事をしていましたし、インターネットがまだ広く普及していない時代でしたから、東京の上司との意思疎通は容易ではありませんでした。

毎日、お互いの顔を見ながら仕事ができる位置にいれば、避けられたかもしれない誤解も積み重なっていきました。打開策が見つからず、悶々としていたときに、救いとなったのが、アメリカの心理学博士であるウェイン・ダイアー博士（Wayne W. Dyer）の一言です。

「自分の人生において支配的な立場にある人物と、いかに対決するかということを、ひとつの小さな目標にする。〝いや、やりたくありません〟と言ってみて、相手の反応を見てみるのだ」[*1]

まさに、本のタイトルである『自分のための人生』を取り戻そうという趣旨が見て取れます。

ありがたいことに、ダイアー博士は、具体的に、どう上司にアプローチするかについても指南することを忘れていませんでした。

「支配的なパートナーに対して、威圧感を感じていないときに話し合いの機会を持つようにする」

さっそく私は、東京に戻った際に、その上司と彼のオフィスで話し合いの機会を持ちました。日頃考えていることを率直に話し、自分自身の反省点とともに、上司への注文を伝えた、腹を割ったミーティングでした。

その後、私の中では一山越えることができたという安堵感とともに、**ネガティヴな状況を涙こらえて飲み込むということをしなかった自分に対して、信頼が高まりました。**自分の人生を取り戻したような気持ちがしましたし、私の話をじっと聞いてくれた上司に対する敬意も戻ってきたのです。

＊1　Wayne W. Dyer (1976) *Your Erroneous Zones*（『自分のための人生』渡部昇一 翻訳、三笠書房、１９８４年）

納得できないことには「NO」と言って相手の反応を見る

上司や目上の人たちも、いつでも「はい、はい」と彼らの言いなりに動いてくれる部下や目下の人を評価しているのかということも疑問です。もしかすると、従順な部下は使い勝手はよいものの、いざというときには役に立たないと思われているかもしれません。

経営コンサルタントの大前研一氏は、

「〝お手〟と言われても、『いや、いまは、〝ワン〟と吠えるべき局面ではないですか』と平気で言える資質は、経営者にとって欠かせないものだ」[＊2]

と言っています。経営者という組織のトップに立つ器の人は、若い頃から、上に対しても堂々と自分の反対意見を述べられるだけの気概と能力が必要だということなのでしょう。

これは、上司と自分との間にあるパワー構造から、いい意味で解放されている姿でもありります。きっと、上司も一目置かざるをえない部下なのでしょう。

私たち全員が経営者になるわけではありませんが、**ここで「NO」と言ってみることは、自分の自信を育てるだけではなく、言われたほうにとっても新鮮な気づきになることも多いのです。**

日常の中で、上の立場の人に対しても「NO」と言うことを恐れないでください。もちろん、そこにはきちんとした説明と、相手に対する敬意があることが大事です。小さな「NO」から始めてみましょう。

＊2 『50代からの選択』大前研一著、集英社、2004年

上が持つパワーに対して過剰に反応しなくなる

上司や目上の人たちに、小さな反逆の挑戦を続けていると、自分自身に対する信頼感の

増加と反比例するように、上が持つパワーに対する過剰な反応が影をひそめていきます。上の人との間に残るのは、純粋な敬意のみです。

この境地に達すると、国際コミュニケーションのうえでも変化が現われます。今まで、どうしても捨てきれなかった、白人系の人たちに対する不必要な劣等感から解放されるのです。

歴史的な経緯で世の中が西欧の価値観で判断されてきたからなのでしょうか、「日本人の自分よりも白人系の人のほうが洗練されていて、憧れる」という、よく考えれば笑ってしまうような価値観は、未だに残っています。そんな根拠が脆弱《ぜいじゃく》なステレオタイプのイメージが、理不尽なパワー構造から解放されることで、払拭されていくわけです。

すると、今までとは違う、より対等な関係が白人系外国人との間に生まれます。これは、個人的な共感を持つためにも、ビジネスのうえで対等に渡り合っていくためにも、重要な一歩です。

4 優越感から自由になるためには「下」との関係を見直してみる

人は案外、自分が振りまいているパワーには無頓着

人は誰しも、他人を抑圧している側よりも、されている側にいるときのほうが敏感に両者の間にあるパワーを感じ取るものです。

上司や目上の人のパワーにひれ伏しているような人ほど、部下や目下に対しては横柄だということは既にお話ししましたね。しかし、自分が振りまいているパワーに対しては案外、無頓着なもので、なかなか気づくことができません。

ある日、部下同士があなたの噂をしているところに通りがかり、

「○○部長って、いつも横柄で部下への愛情が足りないよな～」

と言ったのを小耳に挟んでしまったために、

「僕って、そんな評価のされ方をしていたのか」

と、ちょっと青ざめたりするものです。


こうなる前に、一度、上に対する自分の態度を点検してみましょう。**上のパワーを恐れ、必要以上に従順に対応しているのであれば、九分九厘、下には配慮が足らないと思って正解です。**

これら相反する優越感と劣等感とも言える感情は、コインの裏表と一緒です。おしなべて、上からのパワーから自由になろうとするマインドセットに切り替えようと努力する人は、自ずと下に対するマインドセットも変えようとするものです。

媚びるのではなく、下との関係に広がりを持たせる

今まで、部下は自分の指図で動くもの、派遣社員や掃除のおばさんは自分の仕事とは直

接に関係のないところにいる人たち、と考えてきたならば、上司という自分の立場に優越感だの権威だのという不要なパワーの鎧をつけています。

とはいえ、ここにきて急に部下に媚びるような態度に出ても不自然だし、どうしたらいいかわからないという方もいるでしょう。

下の人たちとの関係を改善することは、下に対して媚びることでもなければ、下を甘やかすということでもありません。**パワーというバリアを取り払ってしまえば、いい意味で、下との関係が広がっていく**のです。

たとえば、意思の疎通がうまくいくようになり、自分の言動に対して部下や目下の人が、積極的にフォローアップをしてくれるようになります。ものが言いやすい環境を作ることができれば、時にあなたにとっては耳の痛いことでも、進言してくれるかもしれません。

人間関係は相乗効果がありますから、一度、関係改善の途につけば、どんどんいい方向に向かうものです。

では、具体的にパワーのバリアーを取り払うには、どうしたらよいのでしょうか？

毎日、部下3人に声をかけると決めて実行

組織で働く人であれば、まず毎日、部下などから3人と決めて、自分から挨拶をしてはどうでしょうか？

「おはよう。今日の調子はどう？」

と上司から言われて、嫌な気分になる人はいませんね。きっと、部下もハッとして挨拶を返してくれるのではないでしょうか。

掃除のおばさんだったら、

「お疲れさまです。ありがとうございます」

と声がけをします。

これを1週間続けてやったら、2週間目に自分がどんな気持ちになっているか、振り返りましょう。3週間目には部下の様子に変化が出てきたかどうか。そして1カ月たったら、オフィスの雰囲気に変わりはないかを見回してください。

まず、自分が変わり、次に人にも変化を及ぼし、その相乗効果がオフィス全体の雰囲気まで変えてしまうというマジックが現われること、請け合いです。

私には、かつてそんな上司がいたのでわかるのです。彼は財団のトップでしたが、ポジションの上下にかかわらず、バリアを感じさせない人でした。夕方5時を過ぎると、おもむろに自分の部屋から出てきてオフィス内を歩き回り、職員に声をかけていきます。

「おーい、K君、あの案件、人繰りが大変そうだね」

と、一人ひとりの仕事の状況をモニターしているのかと思えば、

「さっちゃん(私のことです)、子供たちは元気か? お母さんは忙しいけど、〝親はなくても子は育つ〟じゃなくて、〝親はあっても子は育つ〟って言うんだ」

などと、子供に時間が割けないことを悩んでいた私を思いやる言葉が繰り出されてくるのでした。

彼がオフィスを一回りする頃には、彼の周りに職員の輪ができていて、大きな笑い声がオフィス中を明るくしていました。もちろん、この上司は、上に対して戦うべきときは戦っていました。私にとってはロールモデルです。

丁寧なメールの書きぶりや心配りを忘れない

対面による直接的な言葉のコミュニケーションと同じくらい大事なのは、メールでのやり取りです。もし、あなたが部下に要件のみの不躾なメールを送ったり、面と向かって言うべき注意事項を、メールでねちねちと書いて一方通行のコミュニケーションしかしていなかったら要注意です。

最近では誰もがメールの使い方に慣れてきていますが、一昔前には、心の準備もないままにメールを開くと、上司や友人からの罵詈雑言が突然目に入ってきて、泣いてしまったというような例も多くありました。

たとえば、メールの終わりに、一言、相手を気遣う言葉があったら、受け取ったほうは心がほっこり温まるでしょう。

「いつもご苦労さま。頼りにしています」

「寒い季節になりましたが、風邪に気をつけて」

など、大げさなことを書く必要はありません。書く側に相手を思いやる気持ちがあれば、自然と出てくる一言でいいのです。

最初は、意識して書かなければならないでしょうが、訓練していると、しだいに相手のことを思いながらメールも書けるようになり、自然と、心に響く最後の一言が出てくるようになります。

私自身は、**目上に書くメールよりも、部下や年下の人に書くメールほど気を遣います。**そのくらい、気を遣っても遣いすぎることはないのです。

「あなたと仕事がしたい」と言ってもらえたら最高！

ある日、同じ組織に働く若い人からメールをもらいました。何でも、考えるところがあって組織を離れることになったという離職の報告で、私以外にも組織内の上司や同僚にBCCで一斉に送ってきたメールでした。

彼が辞める半年前に、2週間という短い期間でしたが、集中的に一緒に仕事をしたことがあったので、私はすぐに返事を出しました。

「ご丁寧なご挨拶をありがとうございました。新たな道をお選びになったのですね。おめでとうございます」

するると、彼から私宛の私信が送られてきました。

「石川さんには××事務所の○○事業でお世話になりましたが、××事務所に赴任するもっと前から、仕事をご一緒する機会があればよかったのにと、正直思いました」

こんなことを言ってもらえるのは、組織人冥利に尽きます。

そういえば、一緒に仕事をしていたとき、私たちは限られた時間とチームワーク調整との戦いという共通のプレッシャーを抱えていました。しかし、現場の雰囲気は、さばさばして明るいものでした。とにかく、ポジションの上下にかかわらず、関係者とは言葉によるコミュニケーションを密にして、意思疎通を図りました。

特に、下の人たちに対しては、丁寧な対応を心がけました。皆、締め切りを意識してピリピリしがちですが、

「遅くまでありがとう。私にできることはありませんか？　もう少しだからスクラム組んで頑張りましょうね！」

と声がけをし、一緒にご飯を食べながらジョークを言ってゲラゲラ笑う環境を目指したのです。

後から別の元部下からも、「一緒に仕事ができて楽しかった」という言葉をもらいました。複数の人たちが一緒に仕事ができてよかったという感想を持ってくれたことは、私自身が自分の不必要なパワーから離れることができた証拠ではないかと思っています。

そして、国際的コミュニケーションに目を転じてみると、アジア系、アフリカ系、アラブ系など、日本人がともすれば〝上から目線〟で対応しそうな人たちに対しても、同じ目線の接し方ができるようになっているから不思議です。

自分のパワーから自由になることは、彼らに対するネガティヴなステレオタイプを払拭する一助となります。1章では、混んでいない電車の中でアフリカ系やアラブ系の人が座っている席の隣がポツンと空いていると、私は彼らの気持ちを慮って（思い込みかもしれませんが）、つい歩み寄って座ってしまうとお話ししましたが、これは、自分のパワーから自由になったということと大きく関係していると考えています。

4章

STEP3

4つの力でコミュニケーションの「総合力」を倍増させる

1 落ち着いて相手に向かい、「第一印象力」で勝負しよう

相手の「パワー」に過剰反応せず、どっしりと構える

さあ、ここからは、具体的にコミュニケーションの「総合力」を伸ばしていく方法に話を進めましょう。

コミュニケーションとは、「意味」と「感情」を相手と共有することだと、1章3項でお話ししました。「意味」と「感情」を共有するためには、「相手を理解するために聞く力」と「自分を理解してもらうために話す力」が必要であることは、改めて言う必要もないでしょう。

人間関係につきまとうパワーから自由になり、共感力にますます磨きがかかってくると、相手を理解したい、そして自分を理解してもらいたいという思いが強くなっていきます。そこで、さらに「聞く力」と「伝える力」を伸ばしていくと、どんな場面でもビクともしないコミュニケーションの「総合力」がついていきます。

具体的に「聞く力」と「伝える力」を伸ばしていくには、次の4つの要素が大きく作用します。

①「第一印象」で相手との間に安心感と信頼感のパイプを作る
②「集中する力」で相手を的確に理解し、お互いの信頼感を増幅させる
③「感謝の力」で相手を包み込み相互に共感する力を強化させる
④「自分をコントロール」して最高のコンディションで相手に向き合う

これらの力が相互作用を起こすと、私たちが理想とする互いを思いやる共感力の上に立ったコミュニケーションが完成するのです。

毎日の生活の中でできるところから実行してみてください。効果が感じられるようになると、モチベーションが上がりますから、まだ実行に移していない項目にもチャレンジしてみたいと思ったらしめたものです。加速度を上げながらコミュニケーションの能力が向上していくでしょう。これからご紹介する方法は、私自身が試して効果を自覚しているものばかりですので、効果はお墨付きです。

当たり前のことですが、**相手に第一印象を与えるチャンスは、たったの1回**です。

しかし、恐れることはありません。上のパワーから解放され、自分が行使していた下へのパワーを捨てることができた人は、これまで持っていた〝初対面の恐怖〟から解放されています。基本的にどんな人物と向き合っても対人的なパワーゲームの影響は受けていないので、どっしりと構えることができます。

これは、初対面のコミュニケーションの現場では大きなプラスとなります。自分よりも地位が上の人に対しては、臆することも媚びることもなくなり、自然体で向き合うことができます。

また反対に、年齢が若かったり、地位が下の人物に対しては、相手に威圧感を与えたりすることなく、相手がリラックスして面談できるように助けてあげることができます。

気持ちに余裕ができれば、自然と表情が柔らかくなり、笑顔になります。この笑顔は、作り物ではありません。〝初対面の恐怖〟から解放されてリラックスしていると、潜在意識が笑顔を送り出してくれるのです。

そして、その笑顔は、ミラーニューロンの働きで、相手の笑顔を誘います。ミラーニューロンというのは、相手の感情やしぐさを自分のそれと捉える神経の働きのことで、「あくびがうつる」というのも、ミラーニューロンの働きであることがわかっています。

あなたが笑顔で相手に好意を持っていることを示せば、相手もあなたに好意を感じるという作用をおおいに利用しない手はありません。こうして、相手のパワーに過剰に反応しなくなれば、初対面のミーティングは、あなたのペースで進めることができるようになります。

しっかりとした握手は相手に対する敬意を伝えている

初対面での握手は、「手は口よりものを言う」ということを覚えていてください。

「握手は、人とのやり取りの質を高め、一瞬で強い親近感と信頼を生むことが分かっている。適切な握手は、ブランドのスーツよりはるかに安く、はるかに効果的」

と、アメリカのリーダーシップ専門家であるカバンは言っています。[*1]

私自身も仕事上で、それこそ世界中で何千人の人たちとの握手を経験してきましたが、2つの手のひらの間に流れるコミュニケーションは、言葉とは別の次元のものだと感じています。

では、どんな握手が、適切な握手なのでしょうか？

たとえば相手と自分の握力があまりにも違うと、そこには不信感が介在してきます。あなたにも、思い当たる経験はありませんか？

ある会合で、外国政府の高官と握手をしたときのことです。彼の右手を握ってハッとしました。彼の手は私の手のひらを握り返してくれないのです。まるで、彫刻像の手のひらを一方的に握っているような感覚。

今まで、第三者として拝聴していたその高官の話には彼の価値観が反映されていて筋が通っており、彼は密かに尊敬する対象でした。しかし、初めて握手をする機会を得て、イメージが変わってしまったのです。握り返してこない彼の握手を、とてもネガティヴなメッセージとして受け取ってしまったのです。

「私を仕事のカウンターパートとして、誠意をもって認識していない」

と手のひらを通して感じたのでした。

幸いなことに、この感覚はちょっと間違っていたようで、彼は、その後も、いつものとおり革新的なアイディアを、政策面でも実施していこうとする某政府の寵児だったのですが、あの握手で他でもかなり損をしているだろうと思われました。

逆に、握力検査のようにギューッと握りしめてくる握手も困りものです。

「この人は、何か裏心があるのではないか」

と思わせるような、または媚を売るような感覚が伝わってきます。

大きな両手で相手の手のひらを包むようにして握手をする人もいますが、これも、親近感を前面に出しすぎていて、時と場合によっては相手が心地悪さを感じるかもしれない危険性をはらんでいます。

やはり、落ち着くところは、相手の目をまっすぐに見ながら、相手と同じような適度の握力で手のひらを握ることです。すると、両者の間には親近感と信頼感という特別な電流が流れ出すのです。

＊1　Olivia F. Cabane. (2012) *The Charisma Myth*（『カリスマは誰でもなれる』矢羽野薫 翻訳、角川書店、2013年）

最初の5分間で相手との関係が固定される

初対面では、「**最初の5分間で相手との関係が固定される**」というのが、私の持論です。これは、国連で仕事をしていたときに発見した事実です。

特に外国人との初対面で、いつものように日本流でへりくだった対応をしていると、「こいつは自信がなさそうで、自分の意見を前面に押し出せないようだ」というようなレッテルが貼られてしまい、以後、相手は最初のイメージを固持したまま、あなたに接するようになります。

第一印象で待たれたイメージはなかなか払拭するのが大変です。ですから、最初の5分間（いや、1分間のときもあるかもしれません）が、大切なのです。

あるとき、日本人の同僚から相談がありました。Bさんは、晴れて某国の開発局長のアドバイザーとして赴任したのですが、その開発局長は好き嫌いの激しい人で、いったん、〝使えないやつ〟というレッテルを貼られると、彼のアドバイザーであっても冷遇されるという噂を耳にしてうろたえていたのです。

私の助言は次のようなものでした。

「最初の面談で、絶対に下手に出てはダメ！　それで関係が固定してしまいますから。一癖ある開発局長には、彼の意見に面と向かって反論できる人が必要であり、彼自身もご意見番になってくれる人を求めているのですよ」

後日、Bさんは開発局長との初面談に臨みましたが、局長の押しの強さと毒舌に圧倒されて、思わず言葉を失ってしまい、アドバイザーとしての資質を発揮できる場面がなかったとの報告がありました。二人の関係がそこで固まってしまったようでした。

案の定、アドバイザーであるにもかかわらず、重要な会議にも呼ばれなくなってしまいました。数カ月後、Bさんはアドバイザーを辞して帰国の途につきました。どうしても、最初の印象を覆すことができなかったようです。

相手のパワーに過剰な意識を持たない修業ができていれば、初対面の相手と対峙したときに相手と互角に話をすることが容易になります。

相手を自分のパワーで威嚇することを控えるのと同時に、相手のコンテキストに合わせて同等な立場で話をすることを心がけてください。

話の速度と声の調子で相手の信頼度を高める

少しテクニカルな話になりますが、第一印象をアップさせるために重要かつ効果的な方法をお伝えしておきましょう。それは、**話す速度**、**間の取り方**、そして**声の調子**についてです。

●話す速度

どっしりと構えた人であれば、自然と話す速度は遅めになると思いますが、ご自分でもそこを意識してください。人は誰でも緊張していると、早口になるものです。それは相手にすぐに見破られてしまいます。一語、一語をはっきりと相手から視線を外さないで言葉にすることが大事です。

私は、プレゼンテーションやミーティングに臨む前に、「今日は、ゆっくりと、口を大きく開けて話すこと」と自分自身に話しかけ、意識するようにしています。ゆっくり話すことで、緊張がほぐれる効果が得られます。また、速度が遅くなれば、同じ時間内に伝えることのできるコンテンツは少なくなりますから、余計なことを省いてポイントをついた内容になるという利点もあります。

●間の取り方

話の合間に適当な「間（ま）」を置くことも効果的です。基本的に、「間」とは自分と相手との間に共有される感情を確認する一瞬の作業のことです。ですから、「間」を置くタイミングは、相手と共有したい思いを伝えた直後に、相手に自分の思いが伝わったかどうかを確認する一瞬と考えればいいのではないでしょうか。

「間」というと、思い出す場面があります。これは、特に初対面の現場ではありませんでしたが、イスラエルのテルアビブで実施されたエジプト人対象の農業研修の閉講式でのことです。日本とイスラエルが共同でエジプトを支援したプロジェクトでした。

私が勤務する組織の先輩である日本人のC氏が、組織を代表して、若い頃シリアで鍛えたというアラビア語でスピーチを行ないました。私は、その折、彼の「間」の取り方に感激しました。

C氏の言葉に会場から拍手が起こると、じっと黙って拍手が鳴り止むまで待っているのです。拍手が鳴り止んだ後も、数秒の沈黙がありました。

エジプト人の研修員たちは、C氏の巧みなスピーチさばきに感心していました。

「あの『間』の取り方、すごく効果的でしたね」

と、C氏のスピーチを絶賛すると、

「バカッ、あれは次のアラビア語の言葉を探していたんだ。普段使っていないので、時々、単語がすぐに頭に浮かんでこないときに出現する数秒の空白の時間なんだよ」

との告白。しかし、それにしてはできすぎた合間なので、私はC氏が謙遜しているのだと解釈しています。

あなたも、話の合間の空白の時間について意識を向け、トライ・アンド・エラーで間の取り方を皮膚感覚で体得してください。

●声の調子

最近の若い人たちの物言いの特徴として、語尾を上げて話す人をよく見かけます。これは聞き苦しくもあり、話の内容まで軽く聞こえてしまうので要注意です。よく、店の売り子さんが店頭で、

「いらっしゃいませぇ〜。どうぞ、店内でご覧くださいませぇ〜」

と語尾を上げ、1オクターブ高い声で客寄せをしていますが、あの話し方はNGです。

話をするときは、基本的に語尾を下げるようにしましょう。声のトーンも、なるべく落とすようにすると、まず自分自身が落ち着きます。ミラーニューロンの話でも出てきたように、あなたが落ち着いて話を進める様子を見て、相手も気持ちも穏やかになり、あなたに対する信頼度が増していきます。

2 短い時間を活用して「聞く力」を高めよう

聞き上手になりたいなら集中力を鍛えること

「話し上手は聞き上手」と言われるように、コミュニケーションの極意は相手の話をよく聞くことだということは、誰もが知っていることです。

聞き上手が尊敬されるのは、洋の東西、世代を問いません。自分の話をじっくりと聞いてもらえたら、**自分は相手から大切に思われていると感じられ、誰だってその人のファンになってしまう**のではないでしょうか。

私にはお手本となる上司がいました。どんなに些細な話を聞くときでも、それまでしていた仕事の手をピタッと止め、電話の応対も秘書に任せ、ひたすら私の話を聞いてくれるのです。こんな対応に感激していたのは私だけではなく、オフィスの皆が同じ感想を持っていました。

「○○さんと話をしていると、『世界で一番大事なのは君だ』と思ってもらえていると感じるのです」

しかし、実際に聞き上手になるのは容易なことではありませんね。特に、家族の話をしっかり聞いているかと問われると、耳が痛い人が多いのではないでしょうか？　忙しいときに子供が話しかけてくると、彼らのほうに目をやらないまま、〝ながら〟で聞いてしまうという経験は私にもありました。

この対応が長いこと続くと、

「ママは、ぼくの話を真剣に聞いてくれない！」

と、親子関係にも深刻な影を落としかねません。

また、ビジネスでも、相手の話を遮って自分の主張ばかりをまくしたてる人がいますが、これも、本来、ピンポンのように言葉が往復する中で成り立っていくはずのミュニケーションができていません。

このような相手の話を遮断してしまう人は、もともと相手の話など聞いていないのです。自分の言いたいことが言えれば満足してしまう、〝一方通行型人間〟です。

聞き上手になるには、集中力が必要になってきます。相手の話に瞬時に集中する力です。私も、聞き上手になりたくて、いくつかの方法を試してみました。その中から、効果があったと思えるものをいくつかご紹介しましょう。

一見、なんでこんなことをして「聞く力」がつくのかと思われるかもしれませんが、〝急がば回れ〟。集中力を養うのに近道はありません。日常生活の中のひと工夫が、長い目で見ると、ビジネスにも国際的な場面にも効いてくるのです。

時間を区切って仕事や家事をこなしてみる

まずは、制限時間を設けて仕事や家事をこなしてみる方法をおすすめします。小学校の算数の時間にやっていた制限時間内に行なう計算の競争と同じ原理です。

あれは、子供ながらに集中力を養うのにいい訓練だと思っていました。先生がストップウォッチで1分とか2分といった決められた時間を計っている間に、何問計算ができるかを競争したのですが、全問正解の花マルほしさに、わき目も振らずに一点集中、頑張った記憶があります。


これを応用して、**日常生活の中のいろいろな場面で制限時間を設けてみる**のです。特に、マンネリ化する家事にはうってつけです。

「今日のキッチンの掃除は10分。お風呂場は15分」と決めて、携帯のアラームを設定するか、キッチン・タイマーをセットします。

とにかく10分の間に一通りの片づけと掃除をしなければなりませんから、自ずと集中します。家のあちこちに時間を計ることのできる時計やタイマーを置いて、どこでも制限時間を設けることができるようにしています。

執筆の仕事をするときも、時間を決めています。1時間と決めたら、机の上に常備しているメモ用紙に開始時間と終了予定時間を書いておきます。スタートしたら、コンピューターの画面に集中して一気にキーボードをたたくのです。

いくつになってもご褒美はうれしいものです。小学校のときにもらった花マルと同じように、制限時間内に目的を達成したらチョコレートをひとかけ食べてもいいとか、好きな音楽を聴いてもいいなど、自分自身のモチベーションが上がる方法を考えておくことも効果的です。

この制限時間方式は、子育てと仕事の両立をどうしたものかと悩んでいたときに編み出しました。とにかく時間が足りないのです。

誰もが平等に1日24時間しか与えられていないのですから、他人より多くのことをこなすには、作業の質を上げるしかなかったのです。

しかし、この苦肉の策のおかげで、集中力は相当にアップしました。コミュニケーションの現場では、この集中力のおかげで、目の前の人に神経を集中させて、相手の言葉を逃さず聞く能力がずいぶん向上しました。

スキマ時間にやることを決めて瞬時に集中する

集中力をつけるもうひとつの方法は、スキマ時間を活用することでした。これも、24時間を余すところなく使いたいという欲求から出てきたものです。

私は、家族からも笑われるほど、家の中でもじっとしていたことがありません。スキマ時間ができたら、すぐに気分を切り替えて、何か別のことに着手しています。

たとえば、ある期限までに出さなければならないというプレッシャーで気が重くなりそうなクリスマスカードと年賀状書きですが、これもスキマ時間を有効に使います。

15分くらいのスキマ時間は、1日の中で何回も出現します。あらかじめ、「今日はスキマ時間ができたら、年賀状を書く」と決めておけば、時間ができたら何をしようか考える手間もなく、瞬時に集中できますね。

15分あったら、少なくとも5、6枚は書けます。これを繰り返していけば、すぐに70枚、80枚とできあがってしまうわけです。

これは、頭を瞬時に切り替える訓練にもなっています。コミュニケーションの現場では、**相手が話し出した瞬間に、そちらに集中することが容易にできるようになるのです。**

外出したときのスキマ時間活用法も、あらかじめ決めてあります。待ち合わせのときは、一足先に行って待ち合わせ場所を確認すると、その足で近くの喫茶店を探して飛び込みます。コーヒーを片手に、スケジュールの確認や予定を立てる時間に使っているのです。

私が20年来愛用しているダイアリーは私の秘書役を担っているので、そのダイアリーを頻繁に開いて、スケジュール管理をするのにスキマ時間を充てています。大げさに言うならば、私の人生設計はスキマ時間に集中して行なわれているということかもしれません。

あなたも、スキマ時間にやることを決めておいて、瞬時に焦点を切り替える力と、それに集中する力の2つを同時に鍛えてみてはいかがでしょうか。

全身で話を聞いて絶妙なタイミングであいづちを打つ

集中力がついてくると、相手が発する言葉だけでなく、相手の表情やしぐさからも話を聞けるようになります。**相手に集中するということは、言葉も含めて相手のすべてに集中しているということ**ですから、相手の声のトーンに始まって、目の動きや、微笑や、手振り身振りも見逃すことはありません。

もちろん、相手の視線をずっと捉えているので、目を通しても意思の疎通をしています。たとえば、相手の眼球がよく動いていることが観察できると、

「あれ、大胆な提案をしている割には、ちょっと緊張しているのかな？」

と、言葉とは反対の心理状態を読むことができます。

また、相手が腕組みをしながら話をしていると、

「挑戦的な態度だけれど、声のピッチが速くて言っていることには自信がなさそうだ」

というように、相手が言葉、しぐさ、表情を通じて発してくるすべてのメッセージを総合的に判断できるようになります。

これができるようになると、**相手の話に対して適切なタイミングであいづちが打てるようになります**。自分が話をするときには、話の間に一拍置く「間」の取り方が大切だというお話はしましたが、聞く側に回ったときには、それがあいづちに変わります。

私の周りには、あいづちの名人も、あいづちベタの人もいます。あいづちベタのDさんは、ちょっと大げさかもしれませんが、相手の話に対して常に首を縦に振っています。既に習慣になっているらしく、相手の話に賛同しようがしまいが、首を縦に振っているので、彼が相手の話をどのように受け取っているのかがわかりません。

目の前でこの首振りをやられると、だんだんうっとうしくなってきて、ついには、

「おだまり！」

と、ふざけ半分で制止を試みたりすることがあります。

では、あいづちの上手な人というのはどのようなあいづちを打つのでしょうか？

たとえば、Eさんは、他人の話を聞いているときに、あまりあいづちを打ちません。しかし、それだからこそEさんが深く頷いたときには、彼が相手の話に賛同しているか、感銘を受けているのだということがよくわかります。

Eさん自身は、自分が相手に対して肯定するサインを出していることを意識していないかもしれません。これは彼の深い集中力から導き出されているものです。相手の話を全身で聞いているからこそ、絶妙なタイミングであいづちが出てくるのです。

ですから、私もEさんのあいづちには密かに信頼感を寄せています。**「彼があいづちを打つときは、私の話が軌道から外れておらず、的を射たことを言っているというサイン」**という信頼感です。

会議の場で複数の人を相手にしゃべっているときは時々、Eさんのほうに目をやって、彼のリアクションを道しるべにします。彼が大きく頷いたら、私の話が受け入れられている証拠だからです。

相手の話を要約して返し、安心感と信頼感を与える

相手に自分の話を理解してもらっているとわかれば安心もしますし、聞き手に対する信頼感も高まりますすね。では、どうしたら、「あなたの話をきちんと理解していますよ」とわかってもらえるでしょうか。

ひとつの方法としては、**キリのいいところで相手の話を要約して、「あなたがおっしゃっていることは、こういうことですよね」と、お互いに話の内容を確認し合う**ことです。

これは、相手の話を集中して聞いていなければできませんし、複雑な内容の場合であれば、要所要所で確認を行なうことで誤解の防止にもつながります。

私は、特に外国の人と仕事の話をする場合に、この方法を頻繁に利用します。相手との距離が縮まるうえに、使用する言語が英語であれば、なおさらのこと、相手の話を間違って解釈していないかの確認もできるので、一石二鳥です。

お互いの意見が異なっていて、どこかで折り合いをつけようとする話し合いの場面では、この作業は特に重要になってきます。自分の見解を相手に納得させようとすると、どうしても自己中心的な論を展開しがちですが、そこは集中力を働かせて相手の意見もじっくりと聞きながら、次の一手を考えるのです。そして、

「○○さんのご意見の要点は、このようなことですね。お立場から考えれば、もっともなお話だと思います」

と、相手の意見を要約したうえで、相手の立場上の見解を肯定するのです。

すると、相手の中では、自分の立場も含めて理解してもらったという安心感が生まれます。そこで、

「しかし、一方で△△のような考え方もあると思うのですが、いかがでしょうか？」と切り出してみます。相手は、自分が理解されている安心感とあなたに対する信頼感があるため、これまで固執していた自分の意見から一歩踏み出すかもしれません。

いつも成功するとは限りませんが、膠着《こうちゃく》状態を打破する方法としては試してみる価値があります。これも相手の話を集中して聞く力があるからこそ、使える方法です。

3

「ありがとう」の大安売り作戦で、相手を包み込む力を伸ばそう

感謝する心は相手に敬意を示す第一歩

第一印象と集中力で相手の信頼感を獲得すれば、それなりに上手なコミュニケーションができるようになりますが、この本では共感力まで鍛えていくことを目的にしていますので、その先にまで進んでいきましょう。

私は、この世で最も大切な一語を選べと言われたら、迷わず「**ありがとう**」を選びます。これ以上に人生を豊かにしてくれる言葉はないと信じているからです。

感謝する気持ちは、相手に対する敬意を示す第一歩です。ですから、常に感謝する気持

ちがあれば、初対面における第一印象も、集中力を持って相手に対峙するときも、もう一段階上のコミュニケーションが実現できるのです。

感謝の心を養って人間全体に対する敬意が育まれると、目の前の相手に対するある種〝いとおしさ〟のようなものを感じることができます。これが、相手を包み込む力となって、笑顔や、あいづちという目に見えた形で表面に出てくるのではないでしょうか。

私自身は、ある理由があって、この包容力を絶対に身につけたいと思っていました。何も高尚なお話をしているわけではありません。3人の幼児を育てていた時期には、仕事と育児で毎日疲れ切っていて、少しのことにもプツンと切れてしまう状態でした。

そんな自分がみじめでもあり、この泥沼から這い上がるにはどうしたらよいのか悩んでいたときです。子供が寝てから、さまざまな本を読み漁りました。すると、どの本にも、感謝することでどんな状況にも対応できるようになれる、というようなことが書かれてあったのです。

京セラの創業者で、多くの経営者から尊敬を集めている稲盛和夫氏の『生き方――人間として一番大切なこと』という書籍の中には、氏が事業展開のことで世間から非難を浴びていたとき、西片擔雪《たんせつ》老師にかけてもらった言葉がありました。

「災難にあったら落ち込むのではなくて喜ばなくてはいかんのです。災難によっていままで魂についていた業が消えていくのです。それぐらいの災難で業が消えるのですから、稲盛さん、お祝いをしなくてはいけません」[*2]

私は、

「これだ！」

と飛び上がりました。

「子育てと仕事が大変だと落ち込むのではなく、喜ばなくてはいかんのです」

そのような心境になるためには、何にでも感謝することが習慣となる必要がありますが、さて、どうしたらよいでしょうか。稲盛氏は、このように述べています。

「必要なのは、『何があっても感謝の念を持つ』のだと理性にインプットしてしまうことです。感謝の気持ちがわき上がってこなくても、とにかく感謝の思いを自分に課す、つまり『ありがとう』と言える心を、いつもスタンバイさせておくことが大切なのです。

困難があれば、成長させてくれる機会を与えてくれてありがとうと感謝し、幸運に恵まれたなら、なおさら有難い、もったいないと感謝する。少なくともそう思えるような感謝の受け皿を、いつも意識的に自分の心に用意しておくのです」[*3]

これ以後、日常の中で「ありがとう」を自分の中に根づかせるため、いろいろ試すことになりました。

まったく別のモチベーションから始めた「ありがとう」の大安売り作戦は、コミュニケーションにとって最高の訓練であったということは、後になってわかったことです。

感謝する気持ちがコミュニケーションに表われたと自覚した経験をひとつ、お話ししましょう。

それは、バンコク空港での出来事でした。その日は、出張のフライトに間に合わせるため、空港内のゲート目指して走っていました。大雨で空港への車の到着が遅れてしまったのです。

次の瞬間、つるっと滑って床に尻もちをつきました。通りがかりの赤ちゃんが戻してしまったミルクで足を滑らせたのでした。母親は、今にも泣きそうな顔で何度も謝っていました。私が立ち上がりながら、その母親に向かって自分が発している言葉に、もう一人の自分が驚いていました。

「大丈夫。服はそんなに汚れていませんから。赤ちゃんと一緒で大変ですね。私も子育てをしていた頃は、いろいろありましたよ。子供は日々育っていくから、大丈夫。めげないで頑張ってくださいね」

あの状況下では、もしかしたら、しかめっ面をしていた自分がいても当然の状況だったかもしれません。しかし、私は自分の中に変化が起きて寛容度が増し、相手の立場に立ってものが言えるようになったのだと理解した瞬間でした。

＊2 『生き方――人間として一番大切なこと』稲盛和夫 著、サンマーク出版、2004年

＊3 同前

毎日10個の「ありがとう」を書き出すパワー

「ありがとう」の習慣を身につけるための、とてもパワフルで、かつシンプルな方法をお話ししましょう。

①まずは、専用のノートを用意してください。
②毎晩、寝る前に、その日にあった感謝できることを10個書き出して、文の最後を「ありがとう」で締めくくってください。
③これを根気強く3カ月続けましょう。

たったこれだけのことです。

最初は、10個の感謝を見つけることにも苦労するかもしれません。日常の中で起こっていることに対して、どれだけ意識を向けていないのかということを思い知らされます。とにかく四苦八苦しながら、10個書き出すのです。5個ぐらいまでくると、材料が尽きたという感じになるかもしれませんが、そのときは「今日は夕日がきれいだった、ありがとう」でも、「通りすがりの乳母車の中から、赤ちゃんが笑ってくれた。ありがとう」でもいいのです。

こうして頑張って「ありがとう」を探していると、しだいに日常の中で感謝できる楽しいこと、素敵なことを自分から探すようになっていきます。

すると、小さな幸せや自然の美しさを、以前よりもっと敏感にキャッチできるようになっていくでしょう。

そして、3カ月が過ぎる頃になると、世の中が違って見えるはずです。なぜか、いつもふんわりとした幸福感に包まれていて、ちょっとのことには動じなくなり、他人にも寛容になっている自分を感じるのです。

このような状態で常にコミュニケーションできれば、ゆったりとした構えや、優しい眼差し、相手を包み込むようなあいづちが出てこないわけはないのです。

日常の中で会話の最後を「ありがとう」で結ぶ

毎晩10個の「ありがとう」の書き出しと一緒にできるのが、言葉に出して「ありがとう」の大安売りをすることです。**会話の最後に必ず「ありがとう」を付け足すと、相手ばかりでなく、自分の気持ちが明るく軽くなります。**たとえば、

「今日はお疲れさま」

これでも、相手をねぎらう気持ちは伝わりますが、

「今日はお疲れさま、ありがとう」と、「ありがとう」を付け足しただけで、ねぎらう心がよりパーソナルなものになると感じませんか？

歌手がステージで歌い終わったときに、マイクは音を拾わなくても、口の動きで「ありがとう」と言っているのがわかることがあります。フィギュアスケート選手の羽生結弦氏も、滑り終わった後に必ず、〝ありがとうございました〟とつぶやいているのが見て取れます。

こうして、「ありがとう」は他人への感謝とともに、自分を肯定する気持ちにつながっていくのです。

ありがたくないことに対しても「ありがとう」と言おう

では、稲盛氏が言っているように「何があっても感謝の念を持つ」にはどうしたらいいのでしょうか？

これはハードルが高そうですね。たとえば、「子育ても仕事も大変で寝る時間がない。あ・り・が・と・う」と、ネガティヴな状況に対しても感謝の思いを自分に課すことによって、いつでも感謝の受け皿を用意しておきなさいというのが稲盛氏の教えです。頭で理解しても、気持ちとして納得がいかないとなかなか実行には移せないものですが、この難度の高い「ありがとう」作戦に対して、心にストンと落ちる説明があります。

「この障害が人生に現れたのは、私に何かを教えるためだ。その教えを学んでしまえば、もとの信念が再び取り戻せるはずだ。だから障害が起きたことを呪うよりも、むしろそれに感謝しよう。神は時にはよくわからないやり方で私をお導きになるのだから」[*4]という、ダイアー博士の言葉です。私は、これを繰り返して心に刻みました。

他には、こんな言葉も心に留めています。

「**逆境の中にはすべて、それ相応か、それ以上の大きな利益の種子が含まれている**[*5]」

こう思うことができれば、困難な状況に感謝することにも納得できますね。

とにかく、「ありがとう」と言ってしまいましょう。私はこれを続けているうちに、今

では、難しい局面に遭遇したら、

「ここから何を学べるのだろうか」

という発想に変わっていきます。

ここまでくると、相手がどんな人物であれ、コミュニケーションがどんどんラクになっていきます。相手に対する共感力に厚みが増して、それこそ、相手を包み込んでしまえるからです。


私がそれを敏感に感じるようになったのは、諸外国の大使の方々と議論を行なう機会が増えた頃からです。ある開発案件を地域連合の中で、どう位置づけるのかという議論を並行線のまま延々と続けた年がありました。相手方も「また、あのイシカワの登場か」と思い、私も「彼らを説得するにはどうしたものか」と、頭を悩ませていました。

状況はお世辞にも楽観的ではありませんでしたが、私の姿勢は常に前向きでした。大使たちとの議論で煮詰まってしまっても、

「大使のお立場もよく理解できます。ここから、第三の解決策を見つけたいものですね。引き続き、よろしくお願いいたします」

と、笑顔で粘っていました。これは、「困難な状況から何を学べるか」という考えの発露だと思っています。

このときは結局、少しずつではありましたが、お互いの考え方を尊重し合いながら議論を深めていくことができました。

＊4　Wayne W. Dyer（1995）Your *Scared Self*（『自分を掘り起こす生き方』渡部昇一 翻訳、三笠書房、1996年）

＊5　『潜在能力・発掘法』ナポレオン・ヒル 著、田中孝顕 翻訳、KIKO文庫、1996年

4 特別なレシピで「自分をコントロールする力」をつける

自分の体調や気分がコミュニケーションに反映される

ここまで、第一印象に気を配り、集中力をもって相手の信頼感を得て、感謝の心で相手を包み込んでしまいましょうという、コミュニケーションの理想的な姿をどう実現するかについてお話ししてきました。

しかし、生身の人間の弱さを否定することはできません。これまでの私の経験では、**相手と向き合う前の自分自身の体調管理や気分のコントロールが、相手とのコミュニケーションにも大きな影響を与える**ということがわかっています。

風邪気味でのどが痛く、頭がぼーっとしているときに大事なミーティングがあると最悪です。相手の意見を聞くにも集中力が途切れてしまい、こちらのリアクションも鈍くなります。

また、「逆境は強壮剤なり」とか言われても、弱さも持ち合わせている人間ですから、家族と口論をしていたり、心配事があったりすると、「ありがとう」作戦の効果も半減しているかもしれません。

いくら隠そうとしても、心配している表情の片鱗が現われていることもあるでしょう。ここでもまた、相手の話に集中することが難しいかもしれませんね。

現代のストレス社会に生きている私たちは、いつも多少の差はあれ、周りの環境から影響を受けています。精神が高揚するようないい影響ならプラスですが、現実には、ストレスが倍増するようなネガティヴな影響もたくさん受けています。

体調管理を怠らないとともに、アップダウンする自分の気持ちのブレを最小限に食い止めて、常に平常心でコミュニケーションに臨みたいものですね。

落ち込んだときの対応策を準備しておく

「備えあれば憂いなし」とはよく言ったものだと思います。自分の弱さを正面から受け止めて、気分が落ち込むことも想定しておけば、それに対する処方箋もあらかじめ準備しておくことができます。

私にも経験がありますが、いったん落ち込んでしまうと、そこから這い上がる術を知っておかないと、なかなか出てこられなくなってしまいます。

自分が落ち込む原因になった問題ばかりに神経が集中してしまって、蛸壺にはまってしまったことはありませんか？　そんな状況にはまり込まないように、ちょっと精神的にきつくなってきたときに、こうすれば浮上できるという、自分なりの方法を考えておきましょう。

手っ取り早いところでは、身体を動かすことが効果的です。これに関して、私には3つの処方箋があります。

コンピューターの前に座っているのがつらくなったり、ギュウギュウに詰まったスケジュールのプレッシャーに押し潰されそうになって頭が固まってしまうと、これ以上頑張っても生産性は低いとわかっています。そんなときは、まず第1番目の処方箋である「ジョギング」に出かけます。

さっさと着替えて近くのジムに行って、45分も走っていると、仕事のストレスは汗と一緒に流れていってしまいます。最近では、晴れて清々しい朝に、隅田川の川辺を走るという楽しみもできたので、ますます、ストレス解消の効果が上がっているようです。

ジョギングをしない日は、第2番目の処方箋である「掃除」という手があります。掃除機片手に、家中を掃除して回ります。掃除というのは、身体も動かすことができるうえに、部屋もきれいになるという一石二鳥の効果があるのでおすすめです。

第3の処方箋は庭いじり。ガーデニングというカッコのいいレベルには到達していませんが、初夏になるとベランダでトマト、万願寺唐辛子、タカの爪、バジル、ミント、レモングラスを植えて収穫を楽しんでいます。屋上ではオリーブやブルーベリーの木の世話をしています。

植物を相手にしていると、不思議と心が休まります。花や木はネガティヴな気持ちを吸い取ってくれると言った人がいましたが、これにも今では頷くことができます。

このように、あらかじめ何をするかを決めておけば、ストレスの黄色信号が点滅し始めたときに、すぐに行動に移すことができて効果的です。

気持ちを高めてもらう自分だけの応援団を作る

次は、静かに気持ちを慰め、高めていく処方箋です。

まず、**自分だけの私設応援団を作りましょう**。応援団のメンバーは古今東西を問いません。既に歴史上の人物となった人もいれば、まだ現役でバリバリと活躍している人もいるでしょう。あなたが自分勝手な基準で選べばいいのです。

私の応援団は、多彩な人たちの集まりです。彼らが言ったり書いたりしたことで、私の心にストレートに入ってきたものを書き溜めているのですから、選考基準は、私の心が熱くなるかどうかにかかっています。

応援団長は、今のところ、この本にも何回か出てきたダイアー博士です。彼とはかれこれ20年の付き合いになります（もちろん、著作を通じてです）。

スティーブン・コヴィー博士（Stephen R. Covey）からも多くの励ましをもらっています。日本では、中村天風氏に始まり、稲盛和夫さんにもご登場願っています。１９９８年から書き溜めてきた、彼らの英知は、既に何回も読み返していて、私の精神的バックボーンになっていると感じています。

今でも、落ち込んだとき、または落ち込みそうな予感がするときに、一人静かにノートを開き、彼らと対話するのです。すると、気持ちがスーッと軽くなるのがわかります。こんなに効果的な処方箋は他にはありません。

応援団の皆さんには、コンサルタント料も払っていませんし、ましてや応援団に入ってくださいと仁義を切っているわけでもありません。こんなに簡単に私設応援団を作れるのであれば、ぜひとも、あなたも自分の秘密応援団を作ってみてはいかがでしょうか？

私の場合は、文字を媒介とした応援団ですが、これが音楽でもかまいません。静かに対話するのではなく、ロックをガンガン流してあなたが好きなミュージシャンに背中を押してもらうのも素敵です。

要は、自分の気持ちを慰め、高めてくれる自分勝手な応援団を持っているということが大事なのです。

成功体験をまとめて「ビクトリー・ブック」を作る

最後の処方箋は、自分の過去の成功体験を集めたノートを作って、気分が落ち込んだらそれを眺めて、**自分の可能性を信じる気持ちを呼び覚ます**方法です。

私は、ノートの代わりにクリアーファイルを使っているのですが、過去の小さな勝利から比較的大きな成功体験まで、できるだけビジュアルにして、当時のワクワクした気持ちを再現できるような工夫をしています。

たとえば、国際シンポジウムで好評だったプレゼンをしているときの写真もあれば、ずっと行ってみたかったバルセロナのサグラダ・ファミリアの写真も貼ってあります。これは、計画通り、サグラダ・ファミリアをはじめとするガウディの建築を巡ることができたという小さな達成感を象徴しているのです。

少し先までページをめくると、私の手書きの紙が目に入ります。15㎝四方の厚紙には、「立入禁止：現在、人生を賭けた大論文（Ph.D. Dissertation）執筆中につき、入室はお控え願います　さちこ」

と書かれています。

これは、博士論文を書いていたとき、執筆に集中したいがために部屋のドアに貼っていたもので、子供たちがワイワイと入ってこないようにするためのサイン・ボードでした（子供の評判はいまいちでしたが）。これを見るたびに、どれだけ真剣な時間を過ごしていたのかが思い出されて、明日も頑張れると勇気をもらえるのです。

自分以外の人の目には触れない勝利のノートですから、大げさなくらい自分を誇ってもいいのです。自分の気持ちが上向いていけるのであれば、このノートの中ではどれだけ自慢しても誰も傷つく人はいませんから。

あなたは、自分に合った方法で、勝利のノートを準備してください。

4つの力の結集がコミュニケーションの「総合力」を上げる

さあ、これまでお話してきた4つの力を蓄えていけば、どんな場面でのコミュニケーションにも堂々と対応できるのではないでしょうか。

これらの力が相互作用を起こすと、私たちが理想とする互いを思いやる共感力の上に立ったコミュニケーションが完成するのです。できるところからでかまいませんので、今すぐ始めてみましょう。

5章

STEP4

コミュニケーションの「対応力」でどんな場面も切り抜ける

1 雑談がコミュニケーションの展開を大きく左右する

雑談でウォーミングアップしながら相手を観察する

既に国際的なコミュニケーション力を高めるために、共感力という大枠の話から始まり、パワーをコントロールすることの重要性を共有し、具体的な3つの力を鍛える方法についてもお話ししてきました。

これで万全と言いたいところですが、相手も生身の人間ですから、相手の機嫌が悪いときに遭遇したり、挑発的に構えている相手と話をしなければならなかったりと、コミュニケーションには多くの番外編があります。

あくまでも、これまでお話しした共感力を土台とするコミュニケーション力が前提の話ですが、いざ現場で困ったときにどう対応すればよいのかについて、よくありそうな具体的な例で考えてみましょう。これらは、国際的なコミュニケーションにも、日本の中でも共通して使える応用編です。

初対面の人と会ったとき、通りいっぺんの挨拶をしてから、次に何を言って会話をつないでいけばいいでしょうか？

そう、どんな場面でも使えるのが雑談ですね。巷でも雑談力を上げる本がよく売れているようですが、私も雑談に助けられた場面は多々ありました。

数年前にフィリピンのミンダナオ島で会ったM氏は、弁護士の資格を持ち、自治政府の幹部の一人でした。レストランまで経営している敏腕で、押しの強そうな面持ちの人物でした。

彼の地の弁護士に共通なのか、とにかく絶え間なくしゃべり続けます。このまま仕事の話に突入されたら、押しまくられて相手のペースにのせられそうでした。そこで、**時間と頭のスペースを確保するためにも雑談が必要でした。**

「日本にはおいでになったことがありますか？」

と、ありきたりな質問から投げかけてみました。すると、

「やあ、もう何回か行っていますよ。でもね、一番印象に残っているのが〝東南アジア青年の船〟に参加したときでしたね。あれは日本とＡＳＥＡＮの友好親善のためには最高のプログラムですよ」

（ビンゴ！　これで取っかかりがつかめたわ）と、心の中でニンマリする私。

「実は、私もあのプログラムに参加して東南アジア5カ国を巡ったのですよ。当時、フィリピンの大統領はマルコスで、マラカニヤンの夕食会にも皆で招かれて行きました」

「そうか、それなら僕たちはＳＳＥＡＹＰ（セアップ。「東南アジア青年の船」の英語名略称）仲間なんですね」

M氏の表情は、敏腕弁護士の顔から、東南アジア青年の船の参加青年のそれに変わっていました。

東南アジア青年の船は、１９７４年以来継続されている日本政府主催の友好親善プログラムです。このプログラムに参加した青年たちは、国境も世代も超えて結束が固いため、

ASEAN各国では既に政府やビジネスの中心で活躍する既参加青年とのコンタクトを作る際に、船に乗った既成事実は、ある種、パスポートのような役割を果たしています。

この日、雑談をきっかけに、ミンダナオのM氏との関係も「東南アジア青年の船」つながりの友好的なものに変わりました。

ひとつ共通項を見つけてしまえば、後はそこから派生していく話題には事欠きません。私は、M氏と雑談をしている最中にも、彼の自治政府内での役割や、和平プロセスに対してどのように考えているのかなどの点を言葉の端々から感じ、彼の表情から観察することができました。

その後、この雑談によって生まれた時間と頭のスペースに助けられ、本来の目的である議事にもスムーズに入っていくことができました。

外国人であれば、相手の国についての知識を披露すると親近感が増す

相手が外国の人である場合、雑談の中でも、特にインパクトが大きくて、こちらに対する相手の印象が好転するのは、相手の国のことをよく知っている場合です。中でも、歴史

についての知識は驚かれ、喜ばれます。

「あなたは、私の国の歴史にまで関心を持ってくれたのか」

と感激するようです。私だって、外国の友人が戦国時代や江戸時代の話をし始めたら、その人の博学と日本への熱い思いに敬服するでしょう。


ライフネット生命保険株式会社の代表取締役会長兼ＣＥＯの出口治明氏のエピソードもこれに似ています。昔、出口氏がワルシャワで会議に参加したとき、食事の席で挨拶を求められた際の話です。

出口氏は、まったく準備をしていなかったと一瞬、焦ったらしいのですが、ワルシャワの成り立ちの話を思い出して、

「初めてワルシャワに来ましたが、人魚が作った街に来ることができて、大変うれしい」

と話したそうです。すると、会場にいた人たちが喜んでくれて、食後に人魚の像まで連れて行ってくれたというオマケまでつきました。

「日本人は何人も来たけれど、ワルシャワは人魚が作った街だと話したのは、おまえが初めてだ[*1]」

と、言われたというエピソードです。出口氏は、

「いろいろな歴史を知っていると、人々とのコミュニケーションを取るときの最初のバーが低くなる。だから、ビジネスをしている人にとっても、歴史は役に立つのです」[*2]

と、言っています。

ビジネスの世界とは縁がなくても、歴史の知識はおおいに役に立つはずです。相手の国の歴史を学ぶということは、他でもない、相手の文化に対する最高の共感力だからです。

私も出口氏から刺激を受け、学生のときに好きだった世界史と日本史を、今一度、地図と照らし合わせて学び直してみるという趣味の世界を見つけました。これで雑談力もワンランク・アップするといいな、と思っています。

＊1 『仕事に効く 教養としての「世界史」』出口治明 著、祥伝社、2014年

＊2 同前

あらかじめ趣味や嗜好について調べて話題を用意しておく

M氏との雑談では「東南アジア青年の船」つながりという、偶然でラッキーな共通点を見つけることができましたが、いつもそんなに幸運であるとは限りません。

最初から家族のことについて質問すると、プライベートになりすぎて地雷を踏むことにもなりかねません。皆、それぞれの事情を抱えながら生きているわけで、結婚していたり、していなかったり、離婚して再婚したりと、他人に触れてほしくない話題が最初に振られたら、それは不快になっても仕方ありません。

では、何を話題にしたらよいでしょうか。

まず思いつくのが趣味、ペット、(お酒が好きなら)日本酒やワイン、当たり障りのないレベルでの世界情勢、政治経済の話でしょうか。先に出てきた歴史の話も、教養として必要でしょう。もちろん、相手との歴史認識が異なっていると、雑談が議論に早変わりしてしまうかもしれませんので、そこは要注意です。

相手が、どんな趣味を楽しんでいるのか、ペットは何を飼っているのか等々、事前に入手できる情報があれば、それに越したことはありませんね。

２０１６年にトランプ氏がアメリカの大統領選に勝利するやいなや、安倍総理はニューヨークに飛んでトランプ氏との面会を実現しましたが、そのときに贈ったのがゴルフのクラブであったとのこと。これは関係構築のために、政府が涙ぐましい努力で情報収集を行なった結果のようです。

また、世界情勢の話も日常的に多くの媒体から情報が入ってきますから、それらを意識的にチェックしておけば、いざというときには使えるでしょう。ただし、相手が特定の世界情勢や政治・経済のトピックにどのような姿勢を表明しているかということも事前に調べておいたほうがいいでしょう。

そして、雑談には笑いがないと楽しく続いていきません。そのこともあらかじめ考えておくことができれば万全です。

以前、私はペットのことを聞かれると必ずこう答えていました。

「我が家にはお猿が3匹いるので（子供3人のことを指しています）、これ以上ペットを飼うスペースはないのです」

するとと必ず、話題が子供3人のほうに移りますので、笑いとともに話が続くことになります（最近では、既に成人してしまった子供たちを子猿に見立てるわけにもいかず、新たなネタを探す必要に迫られていますが……）。

2 どうしても接点を見いだせない相手には教えを乞う

どこまでいっても平行線の相手がいたら、懐に飛び込んでみる

手を変え品を変え交渉してみても、どうにも議論が平行線で接点が見えないということはありませんか？

共感力を使って相手の立場に立って考えてみても、突破口が見えないときの最後の手段があります。それは、相手と対立しているポジションから一転して、**相手の懐に飛び込んでいってしまう**のです。

この手法は、18世紀のアメリカの政治家、著述家でもあり、物理学者でもあったベンジャミン・フランクリンが使っていた手法として有名なので、「**ベンジャミン・フランクリン効果**」と呼ばれているものです。

ベンジャミンは当時議会で敵対していた政治家をなんとか味方につけたいと思い、相手の本を借りる作戦に出ました。まず、相手に手紙を書き、

「探している本が見つからないのだが、あなたが持っていると聞いた。しばらく貸してほしい」

と頼んだのです。すると、相手は本を貸してくれました。ベンジャミンは、その本を数日後に相手に返すときに、丁重にお礼を述べます。すると、その後、ベンジャミンに対する相手の態度が好転し、二人は末永く友人として付き合ったという話です。

相手を懐柔するテクニックと言ってしまえば身もふたもありませんが、本来は、相手に対する共感力を最高の形で伝えることで、逆に相手の共感も引き出すということです。

ベンジャミンの場合は本を借りるという接点を相手との間に作った後、本を返すという相手との二度目の接触の機会に、丁寧に相手への感謝の気持ちを伝えることで、相手の気持ちを和らげ、その先にある共感力を引き出しています。

きっとその後、この二人は、政治的な意見の対立はあるとしても、それが逆に、お互いの議論の質を高める方向に作用することで、本当の意味での友情を培っていったのだと想像しています。

相手が考える問題の核心と解決法について教えを乞う

本を借りるという行為は、ものを媒介にして相手との接点を作る方法ですが、それよりももっと手軽でコストのかからない方法があります。それは「相手の意見を伺う」、または言い換えれば**「相手の教えを乞う」**という方法です。

私は、1999年、当時のカンボジア評議会の事務局長とのミーティングで、初めて「相手の教えを乞う」という経験をしました。

ニヒルで癖のある彼との話し合いは難航しました。私は、東南アジア諸国連合（ASEAN）の加盟国すべてを巻き込んだ地域会議の構想をくだんの事務局長に話して、彼の協力を求めるためにプノンペンにやってきました。

しかし、事務局長はなかなか首を縦に振りません。初対面の相手に対して、よく言えば率直、悪く言えば無礼な彼の対応に、私がどれだけ食いついてくるのかを試しているようでした。最初の質問は今でも忘れられません。

「どうしてカンボジアには、バンコクのアジア工科大学のような大学が援助によって作られないのだろうか？　なぜ、研修費用はすべてタイに落ちて、カンボジアには何も残らないのだろうか。君は、どう考えているんだ？」

ケンカを売っているのだろうかと思わせるような、シニカルな質問でした。

その後、会話のピンポンゲームは、私の模範回答（型にはまっている）と、それに対する事務局長のスマッシュ・アタックの往復でしばらく続きました。

何を言っても、皮肉な物言いで返されてしまうこの悪循環から抜け出すために、途中からは、相手の質問に答えるのではなく、私から相手に質問する、相手の教えを乞うというやり方に変えることにしました。

これは単なるテクニックではありませんでした。皮肉な物言いの中に、私（日本側と言ってもよいでしょう）が聞きたくない真実が垣間見られ、カンボジアの立場に共感する突破口を見つけたような気がしたのです。

「日本の援助が役に立っていないとおっしゃる、その真意を教えてください」

するど、彼は、70年代にポルポト派によって起こされた大虐殺のために、知識層の大半が殺され、現在、カンボジアはゼロから国づくりを始めているところだと前置きしたうえで、日本が研修員の要件として求めている大学卒業程度の学歴は、今のカンボジアにはハードルが高く、さらに日本で受けた研修内容はレベルが高すぎて、帰国してから役に立たないと説明がありました。

私はここで脱帽。

「今、あなたに言われて初めてカンボジアの実情が理解できました。そして、何をしなければならないかについてもわかりました。あなたの率直なご意見に感謝します」

このやり取りで、事務局長との関係は一転、これ以降、信頼関係を育むものに変わっていったことは言うまでもありません。

手ごわくて苦手な相手にこそあきらめずに食いつく

いつも不機嫌な感じで取っつきにくい相手は敬遠してしまいたいものですが、遠ざかっていたのでは何も話は進みません。すっぽんみたいな話で恐縮ですが、そんな相手にこそ、しつこいくらいに食いついていくガッツが必要です。そうすると、相手も根負けするのか、対応が一変することがあります。

私に食いつかれてしまったのは、ASEANのとある国（A国としておきましょう）のASEAN常駐大使でした。

こちらは、ASEAN域内の協力について、野心的に新たなコンセプトを事務総長と作って、大使レベルの会合で提案したのですが、A国の大使はプロジェクトの実施体制が気に入らないということで強硬な反対姿勢を示してきました。

どうやら、A国政府は、過去に似たような体制を組んで自国内で実施したプロジェクトに対して、国際社会がA国の主権を越えて入り込んできてしまったという印象を持っているということがわかってきました。

しかし、私たちが提案しているプロジェクトは、主権が問題になるようなものではなく、結果として域内の経済格差是正に貢献するものであるということを納得してもらう必要がありました。

大使は、なかなか強面で取っつきにくそうな人という印象がありましたが、とにかく接触する機会を作らなければ話が前に進みません。覚悟を決めて、大使への説得を継続することを心に誓いました。もう少し砕けた言い方をすれば、本当に〝食らいつく〟というぐらいの気持ちでした。

機会があるごとに、雑談から始めて信頼構築に努める一方で、肝心のプロジェクトの話をするタイミングをうかがっていました。

あるとき、インフォーマルな夕食会に数カ国の大使とともにA国の大使もご招待して、和やかに歓談する機会が訪れました。中華料理の丸テーブルにしたのは、A国の大使の隣にホスト（ホステス）として座るという目算があったからでした。宴もたけなわになって、皆の笑い声が一段と大きくなった頃、私はおもむろに大使の方に顔を向けて教えを乞うことにしました。

「大使、本日は率直にお伺いしたいことがあります。私どものプロジェクトのどのあたりが貴国のコンセプトから外れているのでしょうか？　どのようにしたらこのギャップが縮まるかについて、ぜひアドバイスをいただきたいのですが」

その日、大使は私の質問に親切かつ丁寧に答えてくれました。会話を続けているうちに、A国の事情も理解できるようになりましたし、大使のアドバイスも初対面のときの観念論からより具体的なものになっていました。

その後、すっぽんの私に対する大使の態度は変化していったと感じています。ASEAN事務局の廊下ですれ違うと、

「やあ、元気かね。何か困ったことがあったら何でも相談してくれ」

と声をかけてくださいます。あきらめずに〝食らいついて〟おいてよかったと思う瞬間です。

その後、プロジェクトは無事に完了し、100％ではありませんでしたが、こちらの主張がASEANの中で認められるに至りました。

3 理不尽に挑発してくる相手には"ちゃぶ台返し"で応戦

相手が激怒して理性的な会話が続けられないときもある

稀にですが、話をしていた相手が怒り出し、感情が高ぶって手がつけられなくなることもあります。こちらは冷静に話を進めようと、相手の言い分をなるべく斟酌《しんしゃく》して結論に到達しようとするのですが、相手はどんどん激高していって、もう理性的に話ができる状態ではない、というところまでいってしまうのです。

こんなとき、あなたならどうするでしょうか？

私にもいくつか覚えがあります。特に大変だったので心に残っているのが、愛すべきタイのプリチャーとの攻防戦でした。

２００２年10月31日、私はタイのコンケン大学の敷地内にあるメコン・インスティチュートの会議室で、インスティチュートと私の組織との具体的な協力内容について話を詰める会議に臨んでいました。

副所長のプリチャーは、以前から単刀直入な物言いで、私を苦笑いさせてきた人物でしたが、その日は特に挑戦的でした。日本の組織の予算計画は柔軟性に欠けているという論調で、予算の費目間での流用、つまり、ひとつの費目で予算が足りなくなった場合、他の費目から予算を融通して使うことを主張して譲りません。

私の所属する日本の組織では、予算は当初からきちんと計画することが前提なので、何でもありの流用は当然認められません。この一点で折り合いがつかず、ミーティングが難航していた、そのときです。遂に、堪忍袋の緒が切れたとばかりにプリチャーは、

「日本はケチで度量が狭い！」

と、顔を真っ赤にして怒り出したのです。

ここまでくると、彼とはこれ以上理性的に話ができません。どうするべきか、一瞬、考え込みました。なだめにかかるべきか、それとも奥の手を使うべきか……。悩ましいとこ

ろです。

最後の手段として〝ちゃぶ台返し〟作戦に出てみる

どうするべきかを考えていたのはほんの数秒のことだったと思いますが、私は、奥の手の〝ちゃぶ台返し〟作戦に出ることにしました。おもむろに机をドーンと叩き、

「そんなに感情的になられてはこれ以上、あなたと話はできません。帰ります」

と言って、立ち上がったのです。

「えっ！」

今までこぶしを振りかざさんばかりだったプリチャーも、意表を突かれた感じで、どうしたものかという顔をしていました。

きっと、この場に私とプリチャーしかいなかったならば、私はそのまま会議室のドアを目指して歩き始めていたのだと思います。しかし、ラッキーなことに、そこにはメコン・インスティチュート所長のフリント氏と、同じくコンサルタントのベスウィック氏が同席していました。ニュージーランド人の彼らも、アジア人二人の丁々発止のやり取りに驚き、

あきれていたことでしょうが、そこは大人の対応をしてくれたので助かりました。

「交渉が緊迫する中で、それぞれの個性が鮮明に出て、客観的にはおもしろかった。激するプリチャーに対抗する私。プリチャーのコメントに対して表情を変えながらも、紳士的に場を運ぼうとするヤン（フリント所長）。そして、なぜか私の側についてプリチャーに対して物申すジョン（ベスウィック氏）。一人で組織を背負う私にとってジョンの存在はありがたかった」

と、私は当時の日記に記しています。

この話は、結局、費目間の流用はしないということで収まりました。雨降って地固まるとでも言うのでしょうか、一見、ネガティヴな経験でしたが、その後、プリチャーとは遠慮のない議論ができるようになりました。

また、フリント所長やベスウィック氏との間にも、一緒に一山越えた連帯感のようなものが生まれるという、うれしいおまけがつきました。

この手段を使うときには、事前に収拾法を用意しておく

最後の手段としての〝ちゃぶ台返し〟は、一見カッコいいようですが、実は、本当に実行するとなると大きなリスクを抱えることになります。相手との関係が崩壊するかもしれないからです。

相手の激高が静まってくれればよいのですが、その反対に火に油を注ぐ状態になるかもしれません。ですから、この禁じ手を使う場合には、あらかじめ収拾法を考えておく必要があります。

昔、テレビで見ていたコントの〝ちゃぶ台返し〟だって、ひっくり返ったちゃぶ台にはゴム紐がついていて、元に戻るようになっていたでしょう。

ミーティングの本来の目的を達成する手段としての〝ちゃぶ台返し〟だということを押さえておくことが重要です。相手がエキサイトしていくペースに巻き込まれ、後先考えずにちゃぶ台をひっくり返してしまうと、自分で振り上げたこぶしをどこに下ろしたらよい

のか、わからなくなって困ってしまいます。
　プリチャーと私の攻防戦では、第三者の存在をはじめから見据えていたところがありま
す。フリント氏とベスウィック氏が必ずや仲介に出てくるだろうという試算。そして、会
議室にいるすべてのメンバーの目的は、新たなプロジェクトを立ち上げることなのだから、
二人のニュージーランド人は、プリチャーを説き伏せにかかるであろうという予測。
　これらの考えがあって、はじめて〝ちゃぶ台返し〟が効果をもたらすのです。もちろ、
相手を信頼する気持ちがなければ怖くてできません。

4 大人数とのコミュニケーションには場を支配する力を働かせる

大ホールでの講演では、まず、聴衆を味方につけてしまう

何度やっても、何百人もの聴衆の前で話をするときは緊張します。聴衆は、じっとこちらに視線を向けて、私が何を言うのかに神経を集中しています。

私の声だけが大ホールに響いていますが、私と聴衆との間にはちゃんとコミュニケーションが成り立っています。彼らの視線、もぞもぞとした動きなどが、話をしている私にメッセージを送ってくるのです。

「ああ、この緊張感をどうしてくれよう？」

と、一瞬、心が萎えそうになることもあります。

しかし、幸いなことに場数を踏んでいると、少しずつ緊張を解くための対応の仕方がわかってくるものです。それは、**早い段階で聴衆を味方につけて、場を支配してしまうこと**でした。

私にも、この緊張感を完全に克服する機会が訪れました。内閣府と一般財団法人青少年国際交流推進センターからの依頼を受けて、2015年11月に「日本・ASEANユースリーダーズサミット2015」で基調講演を行なったときのことです。

それまでも、人前で話をする機会は多々あったわけですが、このイベントは規模と設定という点で、かなり難度の高い依頼でした。「東南アジア青年の船」に参加する日本とASEAN各国の青年たち約350人に加え、日本国内から参加する100人と、スタッフ合わせて総勢500人を対象とした講演でした。それも言語は英語。

1カ月前から原稿とパワーポイントを作成し始め、万全の準備を心がけるというところまでは、いつもと変わらぬ手順ですが、試練は本番。500人にどのようにメッセージを届ければよいのか。

ここで私が使った作戦は、通常の基調講演にあるような原稿棒読みの一方的コミュニケーションを避けて、できるだけ共感力を使って双方向のコミュニケーションを心がけることでした。

「Good morning to all of you. How are you this morning?（皆さん、おはようございます。今朝も元気ですか？）」

原稿そっちのけで冒頭から聴衆に話しかけてしまいます。

「Fine! Good!（元気だよ！）」

会場から若い声の波が打ち寄せます。

「それはよかった。今日は皆さんとお会いすることをとても楽しみにしていて、小学生の遠足の前日のように昨夜は眠れませんでした」

会場から笑いの声。

「私も昔、同じようにこの船に乗って東南アジアに旅立ち、人生を一変させたので、高揚する一方で、多少不安が残っている今のあなたたちの気持ちがよくわかりますよ」

と、彼らの立場を理解して共感していることをわかってもらうと、既にステージの上の私と聴衆の間のバリアは消えていました。

こうなると、あとは45分の講演を自由自在にコントロールできます。パレスチナの母親が、息子の自爆テロを阻止したいという思いから、母子手帳を大切に保管しておいて、息子が大人になったら、彼がどれだけ両親から愛されているのかをわかってもらうために母子手帳の記録を見せるのだと言っていた、という話をしたとき、会場からは拍手が湧き起こりました。私は、拍手が鳴り止むのを静かに待って、

「ありがとう。私の気持ちを共有してくれるのですね」

と一言。

確かに、私たちのコミュニケーションは双方向で確立していました。ここまでくると、もう台本は必要ありません。

講演が終わると、会場のあちらこちらから質問の手が上がりました。既に若者たちとの間にはよいコミュニケーションの流れができていますから、お互いにリラックスしてユーモアのある会話のやり取りを楽しみました。

「ASEANは10カ国だから、すべての国の人が質問できるようにしましょうね。あっ、ラオスがまだね。ラオスの人、質問ありますか？」

笑いの渦の中、この基調講演は幕を閉じました。

この先、聴衆が1000人でも2000人でも大丈夫。基本は同じ。早い段階で聴衆を自分のペースに巻き込んで、場を支配することです。

会議が険悪なムードになるのを止めたジョークの機転

2009年、バンコクでのこと。その日は、東南アジア各国の開発援助関連機関の局長クラスが集まった会議で議長を務めていました。ここで長い間の懸案事項について決断を下すことが求められており、胃が痛くなるような空気が会場に漂っていました。

「本日の会議は紛糾しそうですね。では、眉間にしわが寄らないうちに、にこやかにグループ写真でも撮っておきましょうか。どうぞ、前にお集まりください」

「ははは……」

と、会場に笑い声が広がりました。前方にしつらえた写真撮影用の椅子に座る重鎮たち、そして後ろに立ち並ぶ人たちも皆、会議の進行を務めていた私のジョークに反応したのか、柔らかな表情でグループ写真に納まりました。

当日の会議は、難しいかじ取りを迫られましたが、会場の雰囲気は沈まずに済みました。

後日、この会議に参加していたフィリピン政府のお役人とマニラで会った際、「既に何回か拝聴しているけれど、僕は、君のしょうもないジョークが好きだよ。場の雰囲気を和ませてくれていることは確かだから」

と、ジョークの持つ力を再確認するコメントをもらいました。


コミュニケーションは、個人対個人だけのものではありません。会議のように集団によるコミュニケーションの現場もあります。予定通りにすんなりと議事進行が進めばよいのですが、時には紛糾することもあります。

特に、根回しをしていない国際会議、または根回しをしてもまとまらなかった会議などでは、高低さまざまなコンテキストを背負った人たちが、千差万別の反応を見せることがあります。だんまりを決め込む人がいるかと思えば、激怒して自分の意見を譲らない輩も時々出現します。活発に行なわれる理性的な議論は歓迎するところですが、時々、険悪なムードに陥ることがあります。

いったん、ある一線を越えて場の雰囲気が悪くなると、なかなか元に戻れず、苦労することになります。休憩を取ってクールダウンする時間とスペースを確保するとか、個別に話をして懐柔作戦に出るとか、余分な時間とエネルギーを使うことになります。

その前に、場の雰囲気を察知して(その点、日本人は上手ですね)、議場の空気が雪だるま式に悪化しないうちに、何か、皆の緊張感をほぐす一言が言えると、会議の救世主になれます。

パネル・ディスカッションの登壇者をリラックスさせるユーモアを準備

パネル・ディスカッションのステージの上では、司会進行を務める側も緊張しますが、それよりも緊張しているのは、発言を控えている登壇者たちに違いありません。話が和平プロセスという少々お固い話題であればなおさらのことです。

あるシンポジウムでのこと。私が司会進行を務めるパネル・ディスカッションには、フィリピンの和平プロセスの最前線に立つ、そうそうたるメンバーが並んでいました。仕事上でもよく知っている人たちですが、やはり大観衆を前に少し緊張している様子でした。

そこで、彼らと私の間にある信頼感を考慮すれば、少し茶目っ気のあることを言っても許され、壇上の彼らをリラックスさせることができると考えたわけです。

「フィリピンではなぜか、すべての言葉をアルファベットの頭文字を使って略語にしてしまうんですよね。この和平プロセスにも略語が氾濫しています。本日、会場に来ているのは一般の方々が多く、略語を言われてもわからないと思うのです。ですから、壇上の皆さんにお願いします。今日、この場では略語は禁止。できるだけ使わないでくださいね！」

壇上の彼らはニンマリ。会場からは笑いの声。これで場は一気に和みました。

その後、壇上の発言者も、

「あっ、そうだ。本日は略語は禁止でしたね」

と、言い直してくれたりして、リラックスした様子でした。

こんな技も、相手への共感とお互いの信頼感があればこそ、効果的に使えるのです。

リラックスしたクリアーな頭にジョークが浮かんでくる

近頃の私は、楽観的な頭から、さまざまな場面でジョークが飛び出すようになっています。なぜかと問われても明解な回答は出てきませんが、思い当たる節はあります。

まず、何と言っても人間が大好きなことです。これまで、この本でお話ししてきた内容は、私自身が経験済みです。人間関係で恥ずかしい経験や失敗もしてきましたが、そんな中から、たくさんのことを学んでもきました。

パワーから自由になり、自分が持っているパワーを手放そうとしたことで、どんな人に対しても同じ接し方ができるようになりました。それは、国際的な場面では、ステレオタイプのイメージや偏見を払拭する力となり、共感力をつけるための土台ができあがったわけです。

既に何十年もこうして自分の共感力を鍛えてきたわけですから、人種、民族、宗教、性別に関係なく、すぐに相手や相手の文化に共感できる能力が備わってきたとしても不思議ではありません。

このような、相手との間にある共感する力がなければ、その場にピッタリと合っていて、誰もがクスッと笑えるようなジョークが飛び出すはずがありません。

そして、相手への信頼感の先にある人間全体への共感や信頼が生まれると、自分の気持ちが楽観的なものに変わっていきます。

「どうにかなる。どうにかしよう。どうにかできる」

あきらめではなく、もっと自分の強さを信じた楽観性ですね。

「人間である以上、問題の一つや二つあって当たり前と受け止め、問題の有無を幸福の基準としない人こそ、我々が知る限り最も知的な人々である。そしてまた、最もまれな人々でもある」[*3]

生きている間、問題を抱えない人はいませんが、ダイアー博士がこう言っているように、抱えている問題を幸福の基準に照らし合わせて考えるのではなく、問題はあって当たり前、ぐらいに思えるかどうかという楽観性です。

すると、頭がクリアーになって、何に対してもポジティヴに反応できるようになり（脳天気という言い方もあるかもしれませんが）、周りを楽しくすることにつながります。

こんな頭には周囲の人を笑わせるジョークがどんどん浮かんできます。人を幸せにするジョークは、人間の成熟度のバロメーターのひとつかもしれません。

＊3　Wayne W. Dyer（1976）*Your Erroneous Zones*（『自分のための人生』渡部昇一 翻訳、三笠書房、１９８４年）

国際コミュニケーションの
KEYWORD

KEYWORD①

【ホフステードの多文化世界】

1928年生まれのオランダ人のヘールト・ホフステードは、1960年代後半から70年代にかけて、多国籍企業にとっては文化多様性のマネージメントが重要との観点から、自らが勤務していたIBMにおいて各国のIBM組織文化の差異を計測しました。これが、その後の研究基盤となり、〝文化的差異を理解するための枠組み〟として「ホフステードの6次元」を提唱するに至ったのです。

「ホフステードの6次元」は、各国の文化を「権力の格差」、「個人主義vs集団主義」、「男らしさvs女らしさ」、「不確実性の回避」、「長期主義vs短期主義」、「放縦vs抑制」の6つの指標を使って計測比較しようとする試みです。この研究は学問的には賛否両論がありますが、各国の文化の差異の概観を把握するには興味深いツールです。

ちなみに、彼の研究によれば、日本は、集団主義で男らしさが尊重され、不確実性を嫌い、長期的視野に立って、将来に備えるために現在の快楽は我慢するという社会像が浮かび上がってきます。

KEYWORD②

【ステレオタイプと偏見】

ステレオタイプとは、さまざまな社会的集団や人に対して持っている単純化された画一的なイメージのことです。私たちは多くの情報を無意識的にも取捨選択していますが、それらは基本的に自分に都合がよく、自分の価値観に合う情報です。そして取捨選択した情報をよりわかりやすくするために同様のものをひとくくりにして単純化します。

このプロセスを社会集団や人に適応してしまうと、事実の歪曲が弊害をもたらすようになります。たとえば、イスラム教徒は暴力的、フィリピン人は歌が上手、日本人は真面目で礼儀正しいと言った評価はステレオタイプです。偏見は、このステレオタイプのイメージに否定的な感情が加わったものです。また、偏見を行動に移すと差別になります。

KEYWORD③

【異文化感受性発達モデル】

ミルトン・ベネットが提唱した「異文化感受性発達モデル」では、異文化に対峙したときに自文化中心主義から文化相対主義へ移行していく感受性の発達段階を6段階に分類しています。

人は異文化と遭遇したときに、まず、その文化に対して無関心である「否定」の段階からスタートし、次に自分の文化が他よりもすぐれているという価値判断による「防衛」、文化の差異を「矮小化」する段階を経て、異文化を理解しようとする「受容」に至ります。

次の段階は、「適応」で、文化の差を尊重するのみならず、他の文化を自分の中に取り込む能力がついてきます。

最後は「統合」で、自分の文化と他文化を統合して新しい文化的アイデンティティを持つようになる段階です。自分が異文化と対峙したとき、どの段階にあるのかを考えるのに有益なツールです。

KEYWORD④

【るつぼ体験】

共感力を高めるためには、若い時代の「るつぼ」体験が有効だと結論づける研究があります。「るつぼ」とは、いくつかの金属を高温で溶かして、新しい物質を生成するためのメルティング・ポットのことですが、人生も同じように、他の人々の苦悩や喜びを体感する「るつぼ」のような場と時間（たとえば、新たな土地で生活する、難民キャンプで働くなど）が必要だという研究結果です。

リーダーシップ論の研究者（W．ベニス、R．トーマス）は、明確な自分らしさと強固な倫理基準を持つリーダーに共通の資質が「るつぼ」体験だと突き止めました。

また、単に他人の人生の物語に触れるだけでなく、その共感の体験から自問し、自らの価値観やアイデンティティを問い直すことによって、自らを成長させることができると、研究者のP．マーヴィスは言っています。

＊参考：『LIFE SHIFT』リンダ・グラットン、アンドリュー・スコット 著、池村千秋 翻訳、東洋経済新報社、2016年

KEYWORD⑤

【高コンテキストと低コンテキスト】

米国人の人類学者であるE．T．ホールによる研究の中で発見された、主要な文化的要素のひとつが「コンテキスト」です。「コンテキスト」自体は日本語で、「文脈」とか「前後関係」と訳されます。

ホールは、メッセージの明示の度合い、会話によらないコミュニケーション、リアクションの表現の仕方、人間関係などいくつかの文化的要素について高コンテキストの文化と低コンテキストの文化の差を明らかにしました。

「ほとんどの情報が物理的に組み込まれているか、人々に内面化していて、言語や文字で表わす必要がない集団主義的文化」という定義に従えば、日本は明らかに高コンテキスト文化といえます。

KEYWORD⑥

【東南アジア青年の船】

日本とASEAN各国の〝心と心の触れ合い〟の実現を目的として、1974年から開始された政府間の国際親善プログラムです。2016年度で43回を数えました。

日本とASEAN10カ国（開始当時ASEANはインドネシア、マレーシア、フィリピン、シンガポール、タイの5カ国）の青年たちが船上で生活をともにしながら、地球上の課題を議論し、各国を訪問してお互いの文化、習慣、言語に触れることにより、お互いの共感力を高めていくことができる「るつぼ」体験プログラムです。

おわりに

「グローバル化が進む世界において、日本人が潜在的に持っている最強のコミュニケーション能力を発揮していきましょう」

本書では、これを目指してお話ししてきましたが、今ほどその能力と姿勢が問われている時代はないと感じています。

１９８０年代末の冷戦終焉から急速に進んだグローバル化に対する反動は、まず、２０００年代初頭にテロという先鋭的な形で現われましたが、それからほぼ20年を経ようとする世界では、さまざまな側面で保護主義的なリアクションが見られるようになっています。

日本はどうするのか、日本人は何を考えているのか、という問いに対して、私たちはおおいにそのコミュニケーション能力を駆使して、さまざまなレベルで世界と対話し、共存の道を探していかなければなりません。それは、交渉というシビアな場面のこともあるでしょうし、近所に暮す外国人の人との他愛のない会話かもしれません。

皆さんにお伝えしてきたコミュニケーション能力の鍛え方は、現代のような不確定な時代において必ずや効果を発揮するものであると期待しています。特にこれから世界に飛び出していこうとしている若い人たちには、何度でも読み返して私のメッセージを受け取っていただきたいと思います。

どんな状況においても、頭を柔軟にして、スイッチ切り替え能力を発揮できるように自分を訓練してみてください。そして、相手を安心させ、自分を落ち着かせる笑顔を忘れないで。

もちろん、この本を読んだからといってコミュニケーション能力がつくわけではありません（私もそうですが、本を読み終えると、そこで満足してしまってアクションにつながらないことがよくあります）。

まずは、本書の中で段階を踏みながら、できることから始めてください。一見、国際的なコミュニケーションとは関係ないような「上司にNOと言ってみる」、「毎日、部下3人に話しかける」というような日常の小さなアクションが、後からボディブローのように効いてくるのですから。

この本を手に取っていただき、最後まで読み通していただいたあなたが、これまで苦手だと感じていたコミュニケーションが楽しいと感じられるようになることが、私の願いでもあります。ご健闘をお祈りします。

最後に、この本を世に送り出すために私を支えてくださった多くの方々に感謝いたします。特に、私の経験知を掘り起こして文章のレベルに落とし込めるように導いてくださったプレスコンサルティングの樺木宏さん。また、私の経験に関心を持ってくださり、ともすれば筆が滞りそうになる私を、常にポジティヴな言葉で励ましてくださった同文舘出版の戸井田歩さん。お二人のコミュニケーション・レベルの高さには脱帽いたしました。ありがとうございました。

2017年4月
石川幸子

著者略歴

石川 幸子（いしかわ さちこ）

独立行政法人国際協力機構（JICA）国際協力専門員、獨協大学非常勤講師
1985年より国連難民高等弁務官事務所（UNHCR）バンコク事務所及び香港事務所において難民保護官として勤務。90年より同バンコク事務所においてコンサルタントとしてミャンマー難民認定審査に従事。その後、笹川平和財団勤務（南東アジア協力基金）を経て99年よりJICAバンコク事務所、同マレーシア事務所にてASEAN地域協力担当広域企画調査員。2005年より現職。社会学博士（平和研究）。専門は、「紛争と開発」問題及びASEAN協力。
学生時代に「東南アジア青年の船」に参加したことが契機となり、30年以上、国際協力、国際交流に従事。東南アジア滞在20年の経験を活かし、ASEAN地域の紛争解決及び地域協力に取り組む。その他、内閣府（当時は総理府）主催「東南アジア青年の船」日本ナショナル・リーダー、オーストラリア留学、国連勤務等の経験に根ざした独自の「国際交流論」を展開している。著書に、『敵をもファンに変える超一流の交渉術』（実務教育出版）など。

◆石川幸子・公式サイト　http://sachiko-ishikawa.com

世界のどこでも、誰とでもうまくいく！
「共感」コミュニケーション

平成29年5月12日　初版発行

著　者 —— 石川幸子

発行者 —— 中島治久

発行所 —— 同文舘出版株式会社

東京都千代田区神田神保町1-41　〒101-0051
電話　営業03（3294）1801　編集03（3294）1802
振替00100-8-42935
http://www.dobunkan.co.jp/

©S.Ishikawa
ISBN978-4-495-53721-0

印刷／製本：萩原印刷
Printed in Japan 2017

JCOPY ＜出版者著作権管理機構 委託出版物＞

本書の無断複製は著作権法上での例外を除き禁じられています。複製される場合は、そのつど事前に、出版者著作権管理機構（電話 03-3513-6969、FAX 03-3513-6979、e-mail: info@jcopy.or.jp）の許諾を得てください。